LA ENVIDIA
eL enemigo interior

BOB SORGE

BUENOS AIRES - MIAMI - SAN JOSÉ - SANTIAGO

w w w . e d i t o r i a l p e n i e l . c o m

La envidia: el enemigo interior
Bob Sorge

Publicado por:
Editorial Peniel
Boedo 25
Buenos Aires C1206AAA - Argentina
Tel. (54-11) 4981-6034 / 6178
e-mail: info@peniel.com.ar

www.editorialpeniel.com

Originally published in English
under the title: *Envy: the enemy within*
Copyright © 2003 by Bob Sorge
Originally published in the USA by Regal Books,
A Division of Gospel Light Publications, Inc.
Ventura, CA 93006 U.S.A.
All rights reserved

Traducido al español por: Nilda Eva Sassaroli
Copyright © 2003 Editorial Peniel

Diseño de cubierta e interior: arte@peniel.com.ar

ISBN Nº 987-557-019-2
Producto editorial Nº 316135

Edición Nº 1 Año 2003

Impreso en Colombia
Printed in Colombia

ELOGIOS

LA ENVIDIA: EL ENEMIGO INTERIOR

Bob Sorge no solo ha desenterrado, sino que nos ha ayudado a vencer uno de los más grandes impedimentos para fructificar: la envidia. Debe ser leído por todo líder atento que desee marcar la diferencia en el transcurso de su vida. ¡Este mensaje le salvará de diez años de dolor innecesario!

Dr. Wayne Cordeiro
NEW HOPE CHRISTIAN FELLOWSHIP
(COMPAÑERISMO CRISTIANO NUEVA ESPERANZA)

❧

Este libro nos recuerda cuán profundo y lejos puede llegar nuestro pecado, y también nos pone en la huella hacia la libertad. La jornada es difícil, pero Bob Sorge nos provee una excelente herramienta para ayudarnos en el camino.

Ted Haggard
AUTOR: "THE LIFE-GIVING CHURCH" (LA IGLESIA QUE IMPARTE VIDA),
PASTOR PRINCIPAL DE LA IGLESIA NUEVA VIDA
COLORADO SPRINGS, COLORADO, EE.UU.

❧

Este libro no puede haber llegado en un momento mejor. Aparentemente en todo nivel social vemos este insidioso pecado. Bob Sorge tiene una palabra de parte del Señor para rescatar a la iglesia del veneno de la envidia.

John A. Kilpatrick
PASTOR PRINCIPAL, IGLESIA DE LA ASAMBLEA DE DIOS DE BROWNSVILLE
PENSACOLA, FLORIDA, EE.UU.

❧

La envidia: el enemigo interior es un libro lleno de exposiciones bíblicas sobre el tema y con una visión perspicaz de la naturaleza y de las relaciones humanas. Aunque podemos ser reacios a reconocerlo, lo que el autor escribe es un zapato que nos cabe a todos de una manera o de otra. Y ya que dedica buena cantidad de tiempo hablando del problema dentro de la iglesia, los que estamos en el ministerio podemos hallar que es un llamado de atención especialmente bueno.

Ron Mehl

AUTOR: *"GOD WORKS THE NIGHT SHIFT AND THE TENDER COMMANDMENTS"*
(DIOS PRODUCE EL CAMBIO NOCTURNO Y LOS TIERNOS MANDAMIENTOS)
PASTOR DE LA IGLESIA "BEAVERTON FOURSQUARE CHURCH"
BEAVERTON, OREGÓN, EE.UU.

❧

Solo un vaso quebrado pero intrépido puede escribir un libro como *La envidia: el enemigo interior*. En este libro Bob Sorge representa el corazón de Dios para guiar a su pueblo a salir de la cautividad y a entrar a la libertad. Este es probablemente uno de los más grandes despliegues de revelación que he leído en los últimos diez años. Si el Cuerpo de Cristo quita la envidia, la disputa y el celo, dejaremos de ser belicosos entre nosotros, llegaremos a ser los adoradores que Dios nos ha creado para ser y derribaremos los planes del enemigo en contra del avance del reino de Dios. Este libro lo lleva a la cruz y lo introduce en el poder de la resurrección. *La envidia: el enemigo interior* es uno de los pocos libros que puedo decir con honestidad que revolucionará su vida. Una vez que esta fuerza del mal sea quitada de nosotros, ¡la gloria de Dios se moverá en nuestro medio!

Dr. Chuck D. Pierce

AUTOR: *"THE FUTURE WAR OF THE CHURCH"* (*LA GUERRA FUTURA DE LA IGLESIA*)
VICE-PRESIDENTE DE GLOBAL HARVEST MINISTRIES
(MINISTERIOS DE EVANGELISMO GLOBAL)
PRESIDENTE: GLORY OF ZION INTERNATIONAL, INC.
(GLORIA DE SIÓN INTERNACIONAL)

❧

En Hechos 6 hay un relato de como los líderes de la Iglesia Primitiva trataron con la envidia. Los judíos que hablaban griego pensaban que las viudas de los Judíos que hablaban Hebreo estaban recibiendo una distribución más favorable de comida. Su percepción pudo haber hecho estragos dentro del movimiento joven. Sin embargo, la sabiduría espiritual de los apóstoles creó un plan que cortó la envidia de raíz, y el crecimiento de la Iglesia continuó. Bob Sorge ha traído la misma sabiduría espiritual a los desafíos de hoy de la envidia. Leer este escrito nos ayudará a ver dónde la envidia se ha movido despacio y con cautela en nuestras vidas y en la Iglesia, y como está dificultando la obra de la Iglesia en la Tierra hoy. Bob también comparte que esto no tiene que ver con el caso. Hay una manera de arrancar la envidia y movernos hacia el amor.

Pastor Dutch Sheets

AUTOR, DE LA ORACIÓN INTERCESORA Y DILE A TU CORAZÓN QUE VUELVA A LATIR
PASTOR, CONFRATERNIDAD SPRING HARVEST
COLORADO SPRINGS, COLORADO, EE.UU

❧

CONTENIDO

Capítulo 1...9

EL PROBLEMA MÁS COMÚN QUE NADIE TIENE
Es tiempo de dejar de decir que la envidia es problema de otros.
Desmitifiquémoslo y confesemos la verdad.

Capítulo 2...19

¿QUÉ ES LA ENVIDIA?
Cuando sintamos dolor por el éxito de otra persona, la envidia nos tiene
en sus diabólicas garras.

Capítulo 3...31

LOS HERMANOS
La envidia es usualmente un tema entre hermanos y hermanas. Podemos
rastrear ese patrón comenzando con Caín y Abel y continuar a través de
la historia bíblica.

Capítulo 4...47

LA GRAN RENDICIÓN DE CUENTAS DEL TALENTO
Cuando Dios reparte variados grados de talento, este es un sistema
magistralmente diseñado para una erupción de la envidia.

Capítulo 5...69

POR QUÉ DEMORA EL AVIVAMIENTO
¿Podría ser que la envidia sea el obstáculo más formidable del verdadero
avivamiento bíblico?

Capítulo 6 79

LA CRUZ: LA MUERTE DE LA ENVIDIA
Dios trata con la envidia crucificando a aquel que es envidiado, y es Jesús
el principal ejemplo.

Capítulo 7 93

PERCIBIENDO LA "MEDIDA DE GRACIA"

A medida que exploramos las comparaciones y la aparente distribución arbitraria de los dones espirituales y las diferentes esferas de influencia, hay cosas que podemos hacer para superar la envidia.

Capítulo 8 119

EL DESVÍO DE LA ENVIDIA: MUERTE O DESTINO

Cuando Dios quiere bendecir a una persona o un ministerio, Él minimiza el factor envidia llevándolos a su Tierra Prometida por medio de un desvío tortuoso y penoso.

Capítulo 9 137

ARRAIGADOS EN EL AMOR

En el corazón de la envidia está la cuestión del amor y la necesidad de ser arraigada en el amor de Cristo como la fuente de nuestra identidad personal.

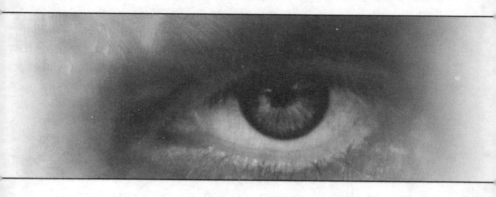

Capítulo 1

El problema más común que nadie tiene

tengo un problema con la envidia, un *enorme* problema con ella. Porque *cualquier* problema con la envidia es grave. La envidia corre tan profundo en lo recóndito de mi naturaleza carnal, que es probablemente muchísimo peor de lo que pueda darme cuenta. (¿Quién de nosotros conoce su propio corazón?) Este libro existe simplemente porque Dios ha tenido que hablarme *muchas veces* de la envidia de mi corazón.

Mis luchas con ella tienen su raíz en cierta competitividad que parece natural en mi personalidad o educación. No sé por qué, solo sé que he sido competitivo toda mi vida. Ya sea en un evento deportivo, en un juego de mesa o en una asignación escolar, siempre he sido motivado a realizar lo mejor. Mientras que perseguir la excelencia puede ser loable cuando está sometida al señorío de Cristo, he descubierto que el deseo de superarme más que mis amigos puede, ciertamente, ser el semillero de las actitudes envidiosas del corazón. Cuando entré en el área del ministerio del Reino, los deseos ambiciosos antiguos no se desvanecieron, aunque me dije que ya no estaban. Cuando vi que mis amigos disfrutaban de los éxitos que yo deseaba para mí, la envidia se puso silenciosamente de mal humor bajo la superficie. (La envidia es el dolor interno que sentimos debido al éxito de otro, pero la definiremos con más claridad en el siguiente capítulo).

Durante mucho tiempo no descubrí mi envidia. Pero cuando Dios comenzó a revelármela, me sentí aterrado porque descubrí la verdadera condición de mi corazón. Ahora estoy fervientemente comprometido con un arrepentimiento radical y camino en la luz en cuanto a esta área de mi vida.

Me siento obligado a dar a conocer honestamente mis propios defectos en este aspecto, por dos razones. Primeramente, he aprendido que el poder de la carne es sorprendentemente quebrado cuando sacamos a luz nuestros pecados (vea 1 Juan 1:9; Santiago 5:16), de modo que recibo de buena gana la gracia que llega a mí mediante la humildad de la confesión. La Escritura nos dice que *"Dios se opone a los orgullosos, pero da gracia a los humildes"* (Santiago 4:6) Necesito esa gracia más desesperadamente de lo que pueda posiblemente expresar. En segundo lugar, quiero asegurarle que no hablo desde la distante posición de alguien que está lejos de los tentáculos de la envidia. Todavía estoy en el proceso de obtener victoria. Espero que usted pueda recibir el mensaje de este libro como el de otro peregrino que aún hoy está embarcado con Dios en esto.

Por qué este libro

Cuando el Señor me hizo ver las tendencias envidiosas de mi

alma, me di cuenta lo pandémica que es realmente la envidia y cuán mortal es cada vez que infecta la iglesia de Jesucristo. Tiene el poder de sabotear nuestro propio destino en Dios, porque Él no puede honrar nuestros esfuerzos cuando están subliminalmente dirigidos por motivaciones impuras. Mientras que la envidia permanezca escondida en las hendeduras de nuestro corazón, nuestra fructificación en Cristo será ineludiblemente impedida.

Pero más allá de esto —y aquí es donde siento una mayor urgencia— cuando nos envidiamos unos a otros en el Reino de Dios, desatamos una dinámica que realmente frena el progreso del Reino en nuestra esfera o región.

La envidia mató el cuerpo de **Jesucristo**

cuando **vino** a este planeta **por** primera vez,

y **todavía** mata su **cuerpo** hoy.

La envidia tiene el poder de impedir que se desate la bendición del Reino, incluso en lugares donde las intercesiones masivas por un avivamiento ascienden al trono de Dios. De hecho, voy a argumentar en éste libro que la envidia es responsable, quizás más que cualquier otro mal o vicio, de apagar el fuego del avivamiento en el pasado y en el presente.

Mató el cuerpo de Jesucristo cuando vino a este planeta por primera vez, y todavía mata su cuerpo —la Iglesia— hoy. Oro para que este libro sea leído por todos los santos, por los jóvenes, por los ancianos, por los ministros, por los siervos y por los creyentes de toda tribu y denominación. El Espíritu está haciendo sonar un toque de clarín en esta hora crítica para que comprendamos lo que es la envidia, la percibamos en nuestro corazón y sepamos cómo cooperar con la gracia de Dios para que esta mala sanguijuela deje de minar en nosotros el poder del Espíritu Santo que necesitamos para completar la tarea de evangelizar el mundo.

Quizás se sienta desconcertado, o aun ofendido, de que este pequeño libro pudiera siquiera *sugerir* que usted podría tener problemas con la envidia. ¡Oh, que fácilmente nos engaña nuestro corazón! Somos muy propensos a tener un concepto de nosotros más alto que el que debiéramos tener (Romanos 12:3; Filipenses 2:3). Ahora, por favor, entienda que no escribí este libro con un espíritu acusador. Más bien, mi deseo es sacar a luz los verdaderos problemas en torno a la envidia y señalar luego el camino hacia la sanidad y la libertad en Cristo.

Creo que es hora de que el Cuerpo de Cristo despierte a la realidad de la envidia y lo que ella nos causa. Reconozcamos la verdad: es *mi* problema; es *nuestro* problema. La envidia está viva y goza de buena salud en la iglesia de Jesucristo, y causa estragos en todo el cuerpo al impedir el progreso del glorioso reino de Dios. Comencemos este debate hablando la verdad en nuestro corazón (vea el Salmo 15:2) sobre el verdadero estado de los negocios. Es hora de dejar de estar a la defensiva y pedir a Dios que nos hable personalmente sobre este tema.

Este no es un libro solo para recomendar a otros; es un libro cuyo mensaje necesitamos aplicar a nuestra vida. Tal como dice una antigua canción: "No es mi hermano ni mi hermana, sino yo Señor, quien está aquí en oración".

Si su primera respuesta es: "¿Envidia? No es un problema para mí, hasta donde puedo decir", entonces permítame hacerle una apelación: lea de todas maneras este breve libro. Usted no será simplemente instruido sobre la naturaleza y ramificaciones de la envidia. Más que eso, su visión de los propósitos de Dios para la Iglesia será ampliada, y sabrá por qué el Espíritu Santo hoy ilumina estratégicamente el tema de la envidia entre los creyentes. ¡Es de suma importancia que obtengamos nuestra herencia en Cristo! Si vamos a prestar atención a la voz del Espíritu con respecto a la envidia y la forma en que fractura el cuerpo de Cristo, entonces esta generación tiene el potencial para ver el poder y la gloria de Dios manifestarse en la Tierra de una manera sin precedentes.

La envidia está en todas partes

Hoy estamos rodeados de envidia a cada paso. Aproximadamente un mes después del 11 de septiembre de 2001 en que colapsaran las torres gemelas de la ciudad de Nueva York, un diario local publicó una columna interesante que reflejaba la ira internacional hacia Estados Unidos. Los estadounidenses se sorprendieron por algunos de los sentimientos de personas de otras naciones:

"A los estadounidenses hace mucho que les tendría que haber sucedido esto", dijo un canadiense.

"El asesino encontró su castigo", es como lo explicó un trabajador de metales, moscovita.

El columnista del periódico, Rick Montgomery, tituló el editorial: "Nosotros estábamos espantados. ¿Cómo podían danzar los musulmanes radicales mientras miles de inocentes yacían muertos debajo de los escombros del World Trade Center?" Continuó diciendo que la crítica internacional a los Estados Unidos estaba basada en la suposición de que nuestro país es "símbolo de todo lo grande". El análisis de Montgomery fue que "los triunfos militares y económicos aquí han fomentado la envidia y el desprecio en otras partes".[1]

El análisis de este periodista tiene una medida de validez. Mientras que la envidia no es el único factor que ha contribuido para tales tensiones, es realmente la parte tangible. Hay algunos en otras naciones que se alegran con cualquier estallido de calamidad en los Estados Unidos, debido a su envidia por el poderío de esta nación.

Existen buenas razones para vincular las actuales tensiones en el Oriente Medio con la envidia que produjo los momentos de separación entre Isaac e Ismael, acaecidos hace casi 4.000 años. (Debido a que envidiaba la preferencia con que era tratado su hermanastro Isaac, Ismael se burlaba de él y fue echado de la casa por Sara, la madre de Isaac.) El efecto de los altibajos de envidia entre estos dos hermanos aún se hacen sentir por medio de sus distintos descendientes, más específicamente en los conflictos actuales entre árabes e israelíes. ¿Puede ser posible que la envidia esté virtualmente ligada –al menos en parte– con toda guerra étnica y religiosa sobre la faz de nuestro planeta? Mi punto de vista es este: ¡nuestro mundo está *lleno* de envidia!

No obstante, el espacio no nos permitirá tratar las múltiples formas de envidia en el mundo actual. El propósito de este libro es observar la envidia dentro de las filas de la iglesia de Jesucristo. No miraremos cómo alguien podría envidiar el automóvil o la casa de otro, o la esposa, los hijos, la elegancia, la carrera o el estatus financiero ajenos. Más bien, vamos a limitar nuestro enfoque al espectro de la envidia que surge entre los hermanos y hermanas en Cristo, y en los distintos ministerios. Entre mi iglesia y la suya. Entre mi unción y la suya. Entre mi ministerio y el suyo.

¿Tenemos que usar la letra E?

Hay algo fundamentalmente angustiante en cuanto a confesar la letra E ("envidia"). Hace poco un amigo me contó cómo el Espíritu Santo le hacía sentir culpa por la envidia, y pasó varios días luchando con Dios antes de que pudiera decir: "Muy bien, Señor, estoy dispuesto a aceptarlo. Soy envidioso. Perdóname".

Puede ser que una de las razones por las que no queremos mencionar la palabra envidia sea porque nos gustaría pensar que hemos crecido fuera de la carnalidad de los creyentes de Corinto, a quienes Pablo tuvo que escribir una severa reprensión por las comparaciones que hacían de los distintos ministerios.

"Les di leche porque no podían asimilar alimento sólido, ni pueden todavía, pues aún son inmaduros. Mientras haya entre ustedes celos y contiendas, ¿no serán inmaduros? ¿Acaso no se están comportando según criterios meramente humanos? Cuando uno afirma: 'Yo sigo a Pablo', y otro: 'Yo

> *sigo a Apolos', ¿no es porque están actuando con*
> *criterios humanos?"*
> (1 Corintios 3:2-4).

Nos resistimos a pegarle la etiqueta "envidia" a las luchas de nuestra alma por las implicancias que la palabra tiene en sí. Si reconocemos la envidia, estamos aceptando una prueba poderosa de debilidad. Estamos admitiendo tácitamente las siguientes actitudes:

- No estoy establecido ni descanso completamente en mi identidad en Cristo.
- Tengo inseguridades que no han sido sanadas del todo por medio del poder de la gracia de Dios.
- Soy desagradecido con lo que Dios me ha dado. Sus dones no son suficientes para mí; también quiero lo que le ha dado a otro.
- Lucho contra la soberanía y sabiduría de Dios, le cuestiono el haber otorgado distintos dones y medidas de gracia tanto a mí como a mi hermano o hermana.
- Mi corazón es motivado fundamentalmente por el elemento del interés propio, de la preservación y promoción de sí mismo. No estoy capacitado para celebrar de lleno los éxitos de mi hermano, debido a los fuertes sentimientos de competencia y ambición de mi alma.
- Cuando todas mis energías debieran estar concentradas en la guerra contra el enemigo de nuestras almas, algunas de ellas han sido desviadas para luchar con los éxitos de mis compañeros creyentes.
- Ya que la envidia, cuando ha crecido por completo culmina en homicidio, tengo las semillas del homicidio dentro de mi corazón.
- Mi carnalidad impide la unidad del cuerpo de Cristo, la unidad

que es central en la preparación de la esposa. Ahora, parte de mí está estorbando, en lugar de acelerar el regreso de Cristo.

Cuando Dios comenzó a mostrarme la envidia de mi corazón, al principio me conmocioné. Pero hace mucho tiempo que lo olvidé. Ahora, nunca me sorprende cuando la descubro nuevamente. *Oh, esa es nuevamente la cosa antigua horrible, ¿verdad?* El Espíritu Santo parece especialmente comprometido con iluminarla. Me la muestra cuando está en su etapa preparatoria, de modo que pueda arrepentirme a tiempo. No estoy seguro cuánto he progresado sobre ella, pero sé con seguridad que he llegado a ser más veloz para arrepentirme. De modo que cuando miro la lista de arriba, ha sido muy fácil para mí confesar: "¡Huy!, soy culpable es la acusación". No me conmociono más, porque he tenido una revelación del inicuo potencial de mi carne. Aquí está lo que descubrí: *cuando la envidia llega a ser fácil de confesar, la victoria está más al alcance.*

La envidia no necesita haber crecido por completo para estar presente. Puede aparecer en nuestro corazón en las etapas más preliminares, y puede también desarrollarse hasta la completa madurez si rehusamos tratarla. Todos somos tentados a envidiar. El ser tentado no es pecado en sí (vea Hebreos 4:15). Pero también es verdad que la mayoría de nosotros, si no todos, ha sucumbido ante la envidia en algún punto de la vida. En otras palabras, tratamos a un problema que es *universal.*

Cuando la **envidia** llega a ser fácil de **confesar**,

---

la **victoria** está más al **alcance**.

Recuerdo haber leído de una votación entre cristianos donde los participantes estuvieron de acuerdo en que la envidia es primeramente un pecado entre las mujeres. Como escritor masculino, tengo una palabra para ese tipo de examen: ¡es *absurdo!* Es el mayor problema de *todos* nosotros. (Deben haber votado algunos hombres desilusionados.) La envidia es uno de los fundamentos derivados de nuestra condición humana caída, y ha estado con cada generación desde Caín y Abel. No es extraño que Jesús dedicara algunas de sus parábolas más poderosas directamente a tratar este tema (vea Mateo 20 y 25).

Que el Señor nos revista de coraje y entendimiento para escuchar lo que el Espíritu dice a la iglesia en este aspecto. Comencemos por hacer la pregunta: ¿qué es la envidia?

Nota

1. Rick Montgomery: "La ira sorprendió a los norteamericanos", *Kansas City Star* (15 de octubre de 2001), n.p.

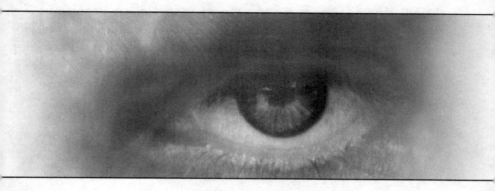

Capítulo 2

¿Qué **es** la **envidia**?

recuerdo que una importante revista secular definió una vez la envidia como el dolor experimentado cuando otro tiene lo que uno quiere. Sabemos por la Escritura que ese dolor es, en efecto, un deseo pecaminoso (vea Gálatas 5:21, 26). *El Diccionario Expositor de Vine* ha definido a la envidia como "el sentimiento de descontento producido por atestiguar o escuchar los adelantos o prosperidad de otros".[1] *El Diccionario de Webster* la define como "el dolor o resentimiento al enterarse del adelanto disfrutado por otra persona unido al deseo de poseer lo mismo".[2] Es el dolor o descontento que sentimos por el éxito ajeno. El significado de la palabra "celo" es levemente distinto al de la envidia. *Webster* define el "celo" como "propensión a una sospechosa rivalidad o infidelidad; hostilidad hacia el rival o hacia el que, según se cree, disfruta de un adelanto".[3]

En numerosos contextos las palabras "envidia" y "celo" son virtualmente intercambiables. Hay matices de significado que son únicos de cada término, pero esas diferencias no son realmente importantes para el propósito de este libro. Puede argumentarse que celo es mi actitud con respecto a *lo que tengo*, mientras que envidia es mi actitud en cuanto a *lo que otro tiene*. Existen numerosas definiciones fuera de estas, tales como: "La distinción radica en que la envidia desea despojar a otro de lo que tiene; el celo desea tener lo mismo o la misma clase de bien para sí mismo".[4] Tal distinción me parece un poco artificial. La "envidia" y el "celo" tienen un significado muy similar, pero la "envidia" parece ser una palabra más oscura. Al confesar el pecado, seguí la política de describir mi pecado en los peores términos posibles. De modo que en este libro voy a usar la palabra "envidia".

Como la mayoría de las emociones, tanto la envidia como el celo tienen un lado positivo y otro negativo. Hay un celo equilibrado que protege una relación mutua exclusiva –tal como el matrimonio–. Dios es tan celoso de nuestros afectos que incluso se ha puesto el nombre Celoso (vea Éxodo 34:14). Además, Santiago 4:5 habla del celo –la palabra actual es literalmente "envidia"– del Espíritu Santo al anhelar que nuestras lealtades no estén divididas. De modo que hay una envidia que puede ser buena cuando es correctamente encauzada. Pero esa es la única Escritura que presenta a la envidia como factor positivo. Toda las demás referencias la señalan como un deseo carnal.

La envidia proviene de nuestra vida carnal egoísta. Tiene su origen dentro del corazón humano (vea Marcos 7:21-23). En la lista de obras de la carne, Pablo incluye la envidia y el celo:

> *Las obras de la naturaleza pecaminosa se conocen bien:*
> *inmoralidad sexual, impureza y libertinaje; idolatría y*
> *brujería; odio, discordia, celos, arrebatos de ira,*
> *rivalidades, disensiones, sectarismos y envidia;*
> *borracheras, orgías, y otras cosas parecidas. Les advierto*
> *ahora, como antes lo hice, que los que participan de tales*

cosas no heredarán el reino de Dios
(Gálatas 5:19-21, el subrayado es un agregado).

No hay que desconocer que existen paralelos obvios entre la envidia y los diez mandamientos, los cuales dicen: *"No codicies la casa de tu prójimo: No codicies su esposa, ni su esclavo, ni su esclava, ni su buey, ni su burro, ni nada que le pertenezca"* (Éxodo 20:17). El apologista cristiano Francis Schaeffer creía que cuando infringimos los diez mandamientos siempre quebrantamos el primero antes que cualquiera de los otros nueve. Nuestra tendencia a envidiar es parte tan esencial de nuestra identidad caída, que Dios eligió tratarla desde el comienzo: en los Diez Mandamientos.

El lado negativo del éxito

Ya sea que el sentimiento se origine en su corazón o venga en su contra por medio de otra persona, la envidia es una puñalada por la espalda a la diligencia. Por ejemplo, cuando usted es diligente para lograr la excelencia en un campo laborable dado, otros que también aspiran a ese mismo puesto se levantan en celo debido a sus logros. Para decirlo de otro modo, aquellos que ascienden rápidamente la escalera del éxito son envidiados por los demás escaladores.

La **envidia** es una **puñalada** por la espalda a la **diligencia**.

Salomón señaló esto cuando escribió: *"Vi además que tanto el afán como el éxito en la vida despiertan envidias. Y también esto es absurdo; ¡es correr tras el viento!"* (Eclesiastés 4:4). La conclusión de Salomón fue que la respuesta negativa de la comunidad a los logros del hombre diligente es una de las maldiciones fundamentales de nuestra existencia humana.

El pastor Michael Cavanaugh lo expresó de esta manera: "La envidia es el resultado natural de haber sido favorecido por Dios".[5]

Cuando Él lo elija para bendecirlo, prepárese para lo negativo, porque la envidia de otras personas es uno de los "riesgos profesionales" del que recibe la bendición de Dios. Como dice el refrán: el rayo daña al árbol más alto. Los que sobresalen entre los hermanos, a menudo son atacados. Muchas veces la envidia parecerá casi irracional e irrazonable —le llegará aparentemente de donde menos espera— pero es la experiencia común de los que han sido elegidos por Dios para un don, servicio y unción particulares.

Los sociólogos han acuñado el término "bien limitado" para describir la suposición común de que solo hay cierta cantidad de honor, progreso y prosperidad disponibles para los ciudadanos de una sociedad en cualquier tiempo dado. De modo que un ciudadano para incrementar su éxito, debe necesariamente tomar del éxito de otros en esa sociedad.

La envidia, dicen, es por lo tanto la respuesta natural de los ciudadanos de una sociedad que —al mirar el éxito de alguien— se dan cuenta que el éxito ha llegado a esa persona a costa suya y de sus pérdidas. No obstante esta idea —de que hay solo cierta cantidad para repartir— no se halla en el reino de Dios, porque los recursos del Padre para sus hijos son pródigamente ilimitados y exorbitantemente abundantes. Por desgracia, nuestra naturaleza pecaminosa tiende a introducir, en nuestra nueva vida en Cristo, el bagaje de un patrón de pensamiento no santificado.

El libro de Santiago sobre la envidia

Quizás el pasaje del Nuevo Testamento que más redarguye la envidia se encuentra en el libro de Santiago:

Pero si ustedes tienen envidias amargas y rivalidades en el corazón, dejen de presumir y de faltar a la verdad. Esa no es la sabiduría que desciende del cielo, sino que es terrenal,

puramente humana y diabólica. Porque donde hay envidias
y rivalidades, también hay confusión y toda clase de
acciones malvadas (3:14-17).

Santiago nos dice que la envidia es "amarga". El corazón amargado le da energías y produce frutos amargos en las relaciones. Encontramos un ejemplo de esto en la vida de Esaú (vea Génesis 27). Cuando le llegó el tiempo de recibir la bendición patriarcal de parte de su padre Isaac, su hermano mellizo, Jacob, se puso sus ropas y simuló ser él. Trató incluso de imitar la voz de su hermano, fue a su padre y con engaño le robó la bendición que Isaac había destinado a Esaú.

Las **energías** de la **envidia** son generadas

por un corazón **egoísta** que busca satisfacer

su **ambición** personal.

Cuando Jacob obtuvo la bendición que Esaú merecía como primogénito, su hermano comenzó a mirarlo con malos ojos. Esaú envidió a su hermano, pero sintió que su amargura hacia Jacob era justificada, porque este se había portado mal con él. La envidia puede producir raíz de amargura en el corazón de una persona, la que, de no ser tratada, puede eventualmente corromper a muchos (vea Hebreos 12:15-16). Por lo tanto, cuando sentimos envidia, debemos preguntarnos por qué estamos amargados. Si somos honestos, la mayoría de nuestras amarguras están probablemente dirigidas contra Dios, porque es Aquel el que le ha dado más a otros que a nosotros.

Santiago también relaciona la envidia con el egoísmo. La envidia y el egoísmo se protegen mutuamente. Las energías de la envidia son generadas por un corazón egoísta que busca satisfacer su ambición personal. A causa de nuestra naturaleza pecaminosa, en lo íntimo de nuestro ser nos motivan ambiciones egoístas.

La ambición puede ser cambiada para bien en el Reino, pero requiere una crucifixión torturadora antes que los elementos que autoabastecen a la ambición sean quitados de nosotros por completo. El apóstol Pablo era un hombre que utilizaba las tendencias ambiciosas de su alma y las transformaba en empeño apasionado por *"el supremo llamamiento de Dios en Cristo Jesús"* (Filipenses 3:14). No obstante, mientras las ambiciones puedan ser correctamente dirigidas para procurar el Reino, virtualmente todos tenemos que luchar con los elementos negativos de la ambición y el egoísmo que nos hacen envidiar a otros.

Santiago continúa diciendo que la envidia *"presume y falta a la verdad"*. Debido a que la envidia tiene su raíz en el orgullo, conduce fácilmente a la jactancia personal. Cuando estamos en presencia de alguien a quien se le ha dado más que a nosotros, la envidia quiere que anunciemos nuestros propios méritos. Pero tal jactancia comúnmente proviene de una opinión inflada de nosotros mismos. De modo que en lugar de decir la verdad sobre nosotros, faltamos a ella mintiendo con respecto a quiénes somos y a lo que poseemos.

Santiago nos dice que la envidia y la jactancia no proceden de arriba. Mas bien le atribuye un triple origen a esta clase de envidia. Es terrenal –tiene su raíz en el reino natural– puramente humana –basada en los datos recibidos a través de los cinco sentidos antes que del Espíritu de Dios– y es diabólica –inflamada por la actividad demoníaca–.

Luego Santiago presenta este frío resumen: *"Porque donde hay envidias y rivalidades, también hay confusión y toda clase de acciones malvadas"*. ¡Qué bocado! Vamos a regresar a esta declaración antes que finalicemos.

La envidia y la disputa

Tal como el egoísmo protege a la envidia, así lo hace la disputa o disensión. La disensión es una contienda entre personas, una lucha por la superioridad. A menudo –aunque no siempre– está motivada por la envidia. Lo vemos desde la primer contienda mencionada en la Biblia. Los pastores de Abram y los de Lot contendieron entre sí por la tierra para pastar su ganado (vea Génesis 13:7-8). Aunque Lot tenía extensas provisiones, parece que envidiaba las abundantes bendiciones de Abram. La actitud de Lot se filtró en sus pastores, y comenzaron a contender por mejores tierras de pastoreo. Abram se acercó para disipar la contienda y aceptó la tierra de pastoreo de inferior calidad.

La *disputa* está colocada junto a la *envidia* en cinco versículos del Nuevo Testamento:

> *"Se ha llenado de toda clase de maldad, perversidad,*
> *avaricia y depravación. Están repletos de envidia,*
> *homicidios, disensiones, engaño y malicia"* (Romanos
> 1:29; vea también 2 Corintios 12:20).

> *"Vivamos decentemente, como a la luz del día, no en orgías*
> *y borracheras, ni en inmoralidad sexual y libertinaje, ni en*
> *disensiones y envidias"* (Romanos 13:13).

> *"Es cierto que algunos predican a Cristo por envidia y*
> *rivalidad"* (Filipenses 1:15).

> *"Es un obstinado que nadie entiende. Ese tal padece del*
> *afán enfermizo de provocar discusiones inútiles que*
> *generan envidias, discordias, insultos, suspicacias"*
> (1 Timoteo 6:4).

Podemos ver claramente, por medio de las Escrituras, que la disensión y la envidia operan mano a mano.

En el primer capítulo de Filipenses Pablo habla de las motivaciones de los predicadores del evangelio en sus días. Señala dos grupos generales de predicadores, cada grupo era dirigido por motivaciones opuestas:

> *"Es cierto que algunos predican a Cristo por envidia y rivalidad, pero otros lo hacen con buenas intenciones. Estos últimos lo hacen por amor, pues saben que he sido puesto para la defensa del evangelio. Aquellos predican a Cristo por ambición personal y no por motivos puros, creyendo que así van a aumentar las angustias que sufro en mi prisión. ¿Qué importa? Al fin y al cabo, y sea como sea, con motivos falsos o con sinceridad, se predica a Cristo. Por eso me alegro; es más, seguiré alegrándome"*
> (Filipenses 1:15-18).

Pablo reconocía que el celo de algunos ministros era producto de la envidia y la rivalidad. No estaban siendo energizados por el fuego del amor santo por el hermoso Hijo de Dios, sino por el deseo de promover su propio ministerio. No era posible comprar ni manipular a Pablo, de modo que lo consideraban una amenaza para su éxito. Por lo tanto, trataron de desacreditarlo, muy probablemente diciendo cosas despreciables de sus prisiones y reputación como criminal. Si podían envenenar a los guardias con pensamientos suspicaces, estos tratarían más severamente a Pablo. Su envidia los movió a pisar sobre el apóstol en sus intentos por ascender en la escala del ministerio.

Tal como Santiago, Pablo relacionaba la envidia con la ambición personal. La "ambición personal" es una sola palabra en el texto original, la palabra griega es *eritheia*. Es una palabra llena de matices cuyo significado describía a un mercenario —alguien que trabaja por el pago—. Describía al que estaba preocupado solo por su propio bienestar, alguien susceptible a recibir soborno. *Eritheia* ilustra a una persona ambiciosa, obstinada, en busca de oportunidades para promoverse.

Esa motivación opuesta para predicar el evangelio "carecía de amor". Cuando somos liberados de la envidia, podemos servir al Señor con un corazón lleno de amor puro por Él, por sus siervos, por su pueblo y por los perdidos.

Dos sueños

Chris Berglund –un amigo que vive en la ciudad de Kansas– me contó que había tenido dos sueños que tenían significado espiritual para él, y pueden ser significativos para algunos de nosotros también. Me ha dado permiso para repetir su historia con la esperanza de que pueda ayudar a alguien a tener victoria en esa área. Cuando tuvo los sueños era pastor de una pequeña iglesia en Seattle, Washington.

En el primer sueño se vio en una reunión de la iglesia donde el orador invitado lo llamó por su nombre y dijo: "Chris, el Señor dice que tienes una enfermedad que amenaza tu vida". Chris se sorprendió por las noticias y comenzó a preguntar si tenía cáncer. Luego el orador agregó: "La enfermedad que amenaza tu vida es la comparación". Su primera respuesta fue: *No estoy de acuerdo con esto*, pero sabía que de algún modo era cierto.

Durante los tres días siguientes Chris luchó por comprender el significado del sueño. Había trabajado mucho durante años para bendecir a otros, para no juzgarlos, etc. ¿Cómo podía estar enfermo de comparación? Pero luego vino rápidamente la comprensión. Chris me contó, dijo: por años me había comparado con otros y siempre terminaba sintiéndome menos. El Señor me recordó las veces que me dije: *¿Por qué enseñar? Mike Bickle es mucho mejor maestro que yo. ¿Por qué profetizar? Paul Cain parece tener el mercado en el tema. ¿Por qué orar? Lou Engle tiene mucho más fuego que yo cuando ora.* Me dijo que se comparaba continuamente con otros y se sentía menos, y estaba matando su vida espiritual en Dios.

El siguiente sueño, que tuvo lugar algunas semanas después, fue para enfatizar lo que Dios quería que aprendiera. Esta vez Chris estaba en las montañas con un grupo de hombres que siempre había respetado por la intensidad de la unción del Espíritu Santo sobre sus ministerios. Sintió que cada uno de ellos era más efectivo que él en sus respectivas áreas de ministerio. Cada uno tenía su propia cabaña privada, pero se reunían en un hall principal de reuniones que contaba con una mesa para comer.

El invitado especial de los fines de semana era Billy Graham, y estaba por llegar. Todos estaban reunidos alrededor de la mesa cuando Billy Graham llegó, caminó hacia Chris y le dijo: "Chris, me gustaría sentarme junto a ti esta noche para la cena". Él contestó: "No, realmente no quiere sentarse conmigo; quiere sentarse con este o con aquel otro. Soy aburrido comparado con estos muchachos". Pero Billy procedió a empujar una silla al lado de Chris. Después de la cena le dijo: "Chris, me gustaría dormir en tu cabaña esta noche". Nuevamente protestó: "Mi cabaña es un lío". Pero Billy actuó como si no hubiese escuchado y se unió a Chris en su cabaña. Al entrar, Billy comenzó a limpiar y ordenar la cabaña.

Esto es cómo Chris me dijo que interpretó el sueño: "Supe, cuando me desperté, que Billy Graham representaba al Señor. Él me estaba mostrando cuánto me amaba por quién era yo, aun en mis debilidades. Estaba continuando la labor de terminar con la comparación, de modo que pudiera ver que su amor por mí no estaba basado en mis talentos y obras, ni en la falta de ellos. Él simplemente quería estar conmigo".

Los sueños fueron el destello de un momento de poderoso encuentro espiritual para Chris, porque el Señor comenzó el proceso de liberación, parte por parte, de la mortal enfermedad de la comparación.

El poder de la envidia

La envidia es una pasión poderosa. La Palabra de Dios dice que "*el corazón tranquilo da vida al cuerpo, pero la envidia corroe los huesos*" (Proverbios 14:30). En algunos casos la envidia se corrompe internamente debido a nuestra silenciosa comparación con otros o al resentimiento interior. A veces se expresa como una raíz de amargura que va más allá del individuo y comienza a ensuciar a muchos. Y en otros casos termina en abierto homicidio. Por ejemplo, la envidia fue la que ocasionó que los líderes religiosos crucificaran a nuestro Señor Jesús (vea Mateo 27:18).

La envidia es como un almácigo. Puede comenzar como una pequeña semilla, pero si se la protege y alimenta, crecerá eventualmente hasta convertirse en un árbol de maldad. La envidia en estado maduro es un espíritu de homicidio y de robo porque, en última instancia, quiere matar y luego tomar para sí la posesión envidiada.

El autor y maestro de la Biblia, Bob Mumford, se refirió a la envidia como la "mentalidad de balde con cangrejos". Dijo que usted no necesita ponerle una tapa al balde con cangrejos, porque ellos mismos se encargan de que ninguno escape.

Jesús enseñó a sus discípulos a dar limosnas, orar y ayunar en secreto, ya que en los tres casos reiteró esta consecuencia: *"Así tu Padre, que ve lo que se hace en secreto, te recompensará"* (Mateo 6:4; vea también vv. 6 y 18). Cuando los creyentes siguen estas instrucciones, las mismas son un recibo de garantía para producir envidia en otros. Lo que usted hace en secreto nadie lo ve, sino su Padre del cielo; pero cuando Él lo recompensa abiertamente, los hombres ven las recompensas. Ellos no ven el precio que usted pagó; solo ven los dividendos recibidos. Cuando ven que comienza a ser recompensado abiertamente, como no conocen lo que ha usted sembrado en secreto, su primera reacción es la envidia. Cuando un hermano ve que otro es bendecido por razones que no son obvias, a menudo su naturaleza carnal quiere responder con envidia.

La envidia es tan vieja como Caín y Abel. Pero para entrar en esto tenemos que ir al próximo capítulo.

Notas

1. W.E. Vine, *Vine's Expository Dictionary of New Testament Words* (*Diccionario Expositor de Palabras del Nuevo Testamento*) (Iowa Falls, IA: Riverside Book and Bible House). pag. 367

2. *Merriam-Webster's Collegiate Dictionary* (*Diccionario Colegiado de Merriam-Webster*), 10ª edición, s.v. "envy".

3. *Ibid.*, s.v. "jealous".

4. W.E. Vine, *Vine´s Expository Dictionary (Diccionario Expositor de Vine)*, pag. 367.

5. Michael Cavanaugh, *A study in Envy –Saul and David (Un estudio de la envidia-Saúl y David)*, casete de enseñanza por Michael Cavanaugh presentado en la Iglesia Evangélica Elim, Lima, Nueva York, 21 de enero de 2001.

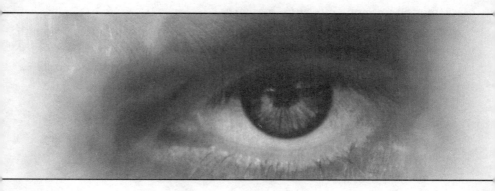

Capítulo 3

Los
hermanos

La envidia apareció en mismo comienzo de la historia humana, con Caín y Abel –dos de los hijos de Adán–. Caín envidiaba a su hermano porque Dios había aceptado el sacrificio de Abel y no así el suyo. Incluso antes que Caín matara a su hermano, Dios le advirtió: *"El pecado te acecha, como una fiera lista para atraparte. No obstante, tú puedes dominarlo"* (Génesis 4:7). El pecado agazapado en la puerta del corazón de Caín era la envidia. O la dominaba o sería dominado por ella. Lamentablemente, ganó la envidia. Caín mató a su hermano.

La envidia es siempre un problema entre *hermanos*. La única razón por la cual la envidia no comenzó con Adán es que no tenía hermanos. Pero tan pronto como los hermanos aparecieron sobre la

Tierra, la envidia inmediatamente saltó a la vida. Comúnmente no es un problema entre padres e hijos sino entre hermanos –y tal como veremos en un momento, entre hermanas–.

Un verdadero padre no envidia a su hijo, y un verdadero hijo no envidia a su padre. Absalón no era el verdadero hijo de David; por lo tanto, envidiaba los dominios de su padre. Pero Timoteo y Tito eran "verdaderos hijos" para Pablo (vea 1 Timoteo 1:2; Tito 1:4), de modo que nunca envidiaron los logros –o el campo de acción– del ministerio de Pablo, se dieron cuenta que honrando los logros de su padre tendrían mayores bendiciones que si intentaban usurparlos.

Al decir que la envidia es un problema entre hermanos, no solo me refiero a hermanos naturales. Hablo de aquellos que sirven codo a codo en el mismo medio y nivel. De este modo, los miembros de un grupo casero serían hermanos y, en ese contexto, el líder de ese grupo sería el padre. En el próximo nivel, los líderes de los grupos caseros de la iglesia local serían hermanos entre sí –ya sean hombres o mujeres– y el pastor sería el padre. Los pastores de una ciudad serían a su vez hermanos entre sí –ya sean hombres o mujeres– mientras que alguien como Billy Graham debería se visto como padre por esos pastores.

La envidia es una **iniquidad** del corazón

que **no** se **ve** hasta que la **ocasión**

la **pone** de **manifiesto**.

Los líderes de grupos caseros generalmente no envidian el éxito de su pastor, el éxito del pastor más bien les da ímpetu. ¿Pero el éxito de otro líder de grupo? Eso es completamente distinto. Ya que el otro líder de grupo casero trabaja en el mismo campo ministerial, la carne quiere ver al hermano como una competencia.

La envidia es una iniquidad del corazón que no se ve hasta que la ocasión la pone de manifiesto. De modo que hasta que la ocasión no llega, podemos estar sinceramente convencidos de que la envidia no es un problema con el que tenemos que luchar. Pero Dios sabe cómo ayudarnos a ver las tendencias envidiosas de nuestro corazón, de modo que podamos entrar en tratos con Él y arrepentirnos. Su método más común de revelarnos esas tendencias es derramando bendiciones sobre uno de nuestros hermanos.

Mientras mi hermano lucha, hallo que puedo orar por él con fuerza y sinceridad. Pero cuando la bendición de Dios estalla en torno a su vida, dentro de mi corazón estalla otra cosa, y ya no puedo orar por él como en tiempos anteriores. Dios ha contestado mi oración bendiciendo a mi hermano, y ahora mi compasión se ha transformado en envidia.

Las hermanas

La envidia es también un problema entre *hermanas*. Las hermanas israelitas generalmente no envidiaban a su "madre", pero eran ciertamente tentadas a envidiarse entre sí.

Curiosamente la envidia parece **seguir** la línea del **sexo**.

Curiosamente, la envidia parece seguir la línea del sexo. Los hermanos envidian a otros hermanos y las hermanas a otras hermanas. Puede haber alguna excepción ocasional, pero no existe mucho problema entre uno y otro sexo.

Las hermanas se envidian entre sí por cosas tales como la apariencia física, la popularidad y el estatus social, los hijos y los dones ministeriales. Los hermanos se envidian por logros en la carrera, por aciertos financieros, como así también por los dones ministeriales. Algunos de estos problemas son distintos en cada sexo, pero la tentación de envidiar está igualmente presente en ambos.

La envidia tiene, a menudo, su raíz en la lucha por lograr identidad. Cuando Jacob se casó con las dos hermanas, y Lea tuvo hijos pero Raquel no, la Escritura dice: *"Raquel tuvo envidia de su hermana y le dijo a Jacob: —¡Dame hijos! Si no me los das, ¡me muero!"* (Génesis 30:1). En esa época, gran parte de la autoestima de la esposa dependía de su habilidad en producir hijos para su esposo. La envidia entre las hermanas fue tan fuerte que más tarde Dios estableció este precepto en la Ley de Moisés: *"No te casarás con la hermana de tu esposa, ni tendrás relaciones sexuales con ella mientras tu esposa viva, para no crear rivalidades entre ellas"* (Levítico 18:18).

Realmente, la envidia entre hermanas existía dos generaciones antes de Raquel y Lea. Causó una disputa entre Sara y Agar. Sara, esposa de Abraham, era estéril; de modo que en su intento por tener un hijo, le dio a Agar, su criada, a su esposo, pero luego la relación de esta con Sara cambió repentinamente de la de criada a la de rival. Isaac, el hijo del milagro, nació en medio de una fascinante saga de envidia representada por dos mujeres, cada una de las cuales ansiaba encontrar su identidad en la familia como madre fructífera.

Miriam, la hermana de Moisés, no estaba envidiosa de él; pero ¡llegó realmente a tener envidia de la esposa de Moisés, Séfora! La esposa de su hermano era gentil, y Miriam se resintió dada la posición que Séfora disfrutaba como esposa de Moisés, a pesar de no ser israelita (vea Números 12:1). No conocemos la naturaleza exacta de su envidia; pero nuevamente, fue entre hermanas, aquellas que ejercían influencia en medios similares. Aarón quedó enredado en la emulación de Miriam, quizás porque debe haber envidiado a Moisés, su hermano. Pero es obvio que Miriam fue la instigadora, porque fue la que Dios hirió con lepra.

Y luego está el caso de Ana y Penina, las dos esposas de Elcana. Penina tenía hijos pero Ana era estéril. Ana luchaba con la envidia que sentía por Penina porque esta tenía hijos, pero Penina envidiaba a Ana porque era la favorita de Elcana. La tensión lógica en la familia era casi insoportable. Se nos dice que Penina atormentaba a Ana *"para que se enojara, ya que el Señor la había hecho estéril"* (1 Samuel 1:6). La historia concluye con una nota feliz cuando Dios permitió que Ana llegara a estar embarazada de Samuel.

Todas estas historias entre hermanas tienen un elemento en común: dos mujeres que luchan por asegurar su identidad como esposa, madre o hermana. Claramente, la envida es tan tentadora para las hermanas como lo es para los hermanos. No obstante, la Biblia nos da más ejemplos de envidia entre hermanos que entre hermanas, de modo que volvamos a mirar a los hermanos.

El fuego de la envidia

En Números 16 leemos el relato de Coré y un grupo de levitas y líderes de Israel que suscitaron una manifestación contra Moisés y Aarón, principalmente porque pensaban que Aarón no debía tener derechos exclusivos de sumo sacerdote. Ellos eran hijos de Leví, tal como Aarón y, como hermanos de la misma tribu, llegaron a envidiarlo porque Dios lo había elegido en forma soberana para ponerlo sobre ellos. La forma en que Dios castigó su envidia fue sensacionalmente dramática y terrorífica. La tierra se abrió bajo los pies de los instigadores de la rebelión y se los tragó vivos con todas sus familias. Luego salió fuego del Señor y consumió a doscientos cincuenta líderes que habían participado de la insurrección. La envidia había encendido fuego en el campamento, y Dios tuvo que quitarla con su propio fuego.

El drama de enterrarlos vivo y del fuego mortal sirven para resaltar la actitud de Dios para con la envidia. Es como si Dios dijera: "Esta ardiente matanza sirve para ilustrar cómo me siento cuando envidian lo que soberanamente le he dado a otro porque, al proceder así, menosprecian lo que les he dado a ustedes".

La historia del pueblo con el que Dios había pactado está cargada de hechos entrelazados con la envidia. Los pastores de Lot envidiaron a los de Abraham; Ismael, el hijo de Abraham, envidiaba a su hermanastro

Isaac; el hijo de Isaac, Esaú, envidiaba a su hermano Jacob; los hijos de Jacob envidiaban a su hermano José. Etc., etc.

Luego llegamos a los reyes. La historia del rey Saúl y David es una incesante narración de oleadas de envidia. David no tenía envidia de Saúl, y es por esa razón que se refería a él como padre (vea 1 Samuel 24:11); pero a causa de sus inseguridades, Saúl nunca pudo ser el padre espiritual que David ansiaba que fuese. Por el contrario, veía a David como hermano, un competidor por el trono. La envidia de Saúl lo llevó a lanzar una acción militar de ocho años para extinguir la vida de David, que escapó –por poco– y solo por intervención de Dios.

Después de su coronación, David fue insultado por Cush, alguien de la tribu de Benjamín –la tribu de Saúl–. Cush era primo de Saúl, disfrutaba de prestigio en los rangos del rey; cuando David pasó a ser el rey, Cush perdió su posición. Lleno de envidia, lanzó una campaña de difamación contra la persona de David, trató de destronarlo. David mencionó la naturaleza de esas acusaciones al orar: *"Señor mi Dios, ¿qué es lo que he hecho? ¿qué mal he cometido? Si le he hecho daño a mi amigo, se he despojado sin razón al que me oprime, entonces que mi enemigo me persiga y me alcance; que me haga morder el polvo y arrastraré mi honra por los suelos"* (Salmo 7:3-5). El versículo 15 sugiere que Cush tramó un golpe contra David: *"Cavó una fosa y la ahondó, y en esa misma fosa caería"*.

Uno de los aspectos más importantes del legado que David nos dejó es la forma en que elaboró una respuesta piadosa cada vez que tropezó con la envidia. Nunca se vengó de aquellos que lo envidiaron, aun cuando tuvo la oportunidad de hacerlo. Nos mostró que podemos honrar y respetar a los que nos envidian y que nunca debemos tomar la defensa con nuestras manos.

Cualquier estudioso quedará indudablemente fascinado por los múltiples círculos de envidia que rodearon a David durante toda su vida. Dos de sus hijos envidiaron que Salomón, su hermano, hubiese sido elegido por Dios para el trono; de modo que Absalón y Adonías intentaron destronar y matar a David, su padre. De esta manera y de muchas otras, Dios usó la envidia para ayudar a salvaguardar a David en medio de sus éxitos, no sea que la tiranía de éxitos ininterrumpidos pudiera desviarlo y no alcanzara el premio. Los ataques en su contra, motivados por la envidia, lo mantuvieron humilde, quebrantado, dependiente y descansando en Dios, que era dónde necesitaba estar.

Daniel fue otro hombre que, debido a sus éxitos, estaba rodeado de envidia. Los gobernadores regionales –los pares de Daniel– bajo el rey Darío, llegaron a envidiar que influenciara en el rey y se confabularon para hacer que fuese arrojado al foso de los leones.

La envida había hecho que se olvidaran que, años antes, Daniel había sido responsable de ¡salvar la vida de algunos de ellos! Hacía varios años Nabucodonosor había ordenado la muerte de los sabios de su reino, pero Daniel impidió su muerte declarándole la naturaleza de su sueño. Pero eso había sido tiempo atrás, y se habían olvidado. Para ellos, Daniel era un competidor por la posición. De modo que tramaron un plan para matarlo. Pero Dios intervino soberanamente y lo liberó de la boca de los leones.

La envidia y Jesús

Tal como David y Daniel, Jesús estuvo rodeado por constantes torbellinos de envidia. ¡Poco sorprende! Nadie había sido jamás tan dotado como Él; de modo que si los que conocían a Jesús tenían predilección por la envidia, sobraban las oportunidades.

Jesús tuvo que enfrentar la envidia de sus hermanos desde el comienzo. ¿Se imagina con Jesús como hermano mayor? Imagine que tiene un hermano mayor que no se equivoca, que se distingue en todo lo que intenta, que tiene la respuesta justa para cada situación, que es increíblemente brillante y excepcionalmente talentoso y ¡tiene una relación muy estrecha con Dios! Los que tienen un hermano mayor, quizás puedan sentirse algo emparentados con esto.

Tengo solo un hermano, y es mayor que yo. En todos mis años de formación seguí los pasos de Sheldon. Cuando entraba a las clases los maestros decían cosas como estas: "Oh, eres el hermano de *Sheldon*".

Él era más elegante, más alto, más fuerte y mejor músico que yo. Sé lo que es estar después de un hermano que ha sido mejor dotado que uno. Y no obstante, no puedo siquiera *imaginar* lo que habrá sido ¡tener a Jesús como hermano mayor!

¿Qué clase de **transición** tiene que hacer una **persona** en su **estructura** mental para llegar a la **conclusión** de que su **hermano** mayor es el **Creador** del **universo**?

Jesús tenía cuatro hermanos (vea Mateo 13:55) pero no pudo llevarlos a creer en Él durante todo su ministerio. No fue hasta después de su muerte y resurrección que verdaderamente creyeron. ¿Qué clase de transición tiene que hacer una persona en su estructura mental para llegar a la conclusión de que su hermano mayor es el Creador del universo? Es una transición tan inmensa que sus hermanos casi no la intentaron. Jesús, en su misericordia, los ayudó pues apareció personalmente a su medio hermano, que era el más cercano en edad (vea 1 Corintios 15:7).

Adivine quién escribió estas palabras: *"Porque donde hay envidias y rivalidades, también hay confusión y toda clase de acciones malvadas"*. ¡El hermano de Jesús! Santiago era su hermano menor (el versículo de arriba es Santiago 3:16). Puedo escuchar a Santiago que dice: "Compañeros, ¡la envida casi me come crudo! La envidia de mi corazón era tan grande, que casi me cuesta la salvación". Él podía abordar el tema con autoridad debido a su experiencia personal.

Pero no fueron solo sus hermanos los que lo envidiaron. Los líderes religiosos de su época lo envidaban intensamente porque lo veían como un competidor en su mismo campo de acción. Su ministerio público fue una constante danza por regular la temperatura de la envida en el corazón de esos líderes. Si esa temperatura subía demasiado rápido, lo crucificarían en forma prematura. De modo que para reducir la intensidad de su envidia, debía trasladarse a áreas desérticas apartadas.

Cuando entró a Jerusalén, la envidia llegó como un cohete a proporciones alarmantes; de modo que se apartó estratégicamente para que esa envidia no llegara al escenario de la muerte antes de tiempo. Durante tres años Jesús reguló la envidia de los religiosos con la habilidad de un artesano, hasta que llegó el tiempo en el que debía derramarse hasta la muerte.

Aquí tenemos un encuentro, con un líder religioso, que es singularmente intrigante:

"Un sábado Jesús estaba enseñando en una de las sinagogas, y estaba allí una mujer que por causa de un demonio llevaba dieciocho años enferma. Andaba encorvada y de ningún modo podía enderezarse. Cuando Jesús la vio, la llamó y le dijo:
—Mujer, quedas libre de su enfermedad. Al mismo tiempo, puso las manos sobre ella, y al instante la mujer se enderezó y empezó a alabar a Dios. Indignado porque Jesús había sanado en sábado, el jefe de la sinagoga intervino, dirigiéndose a la gente:
—Hay seis días en que se puede trabajar, así que vengan esos días para ser sanados, y no el sábado.
—¡Hipócritas! —le contestó el Señor—. ¿Acaso no desata cada uno de ustedes su buey o su burro en sábado, y lo saca del establo para llevarlo a tomar agua? Sin embargo, a esta mujer, que es hija de Abraham, y a quien Satanás tenía atada durante dieciocho largos años, ¿no se le debía quitar esta cadena en sábado?
Cuando razonó así, quedaron humillados todos sus adversarios, pero la gente estaba encantada de tantas maravillas que él hacía" (Lucas 13:10-17).

Cuando el jefe de la sinagoga respondió con indignación frente a la sanidad de la mujer, Jesús podía muy bien haber dicho: "¡Ustedes están envidiosos! Pero acusarlos de ¡"hipócritas!" significaba esforzar-se por demostrar que el hombre había sido motivado por otra razón que la pretendida. El jefe afirmaba haber sido movido por el celo sabático; pero Jesús argumentó que demostraba más compasión por el ganado que por la gente y, por lo tanto, su verdadero problema no era el sábado. Su indignación no se debía a la violación del sábado sino a que, en su propia sinagoga, Jesús había demostrado un poder y una autoridad que él no poseía. Jesús atraía la atención de las masas con una maestría impresionante, que el mismo jefe de la sinagoga ansiaba tener. El problema era la envidia.

La envidia oculta

El jefe de la sinagoga disimuló su envidia con la capa del celo por el sábado. Esto ilustra una de las características más comunes de la envidia: *Está siempre escondida*. Se viste con la túnica de la pasión noble. No quiere que se la descubra, de modo que genera un celo noble, el cual desvía todas las miradas hacia un problema secundario, tal como el sábado.

Lo mismo sucedió con Josué y Moisés. Moisés había convocado a setenta ancianos en el tabernáculo para ordenarlos en el servicio, pero dos de los señalados, por alguna razón, no asistieron a la reunión. Cuando el Espíritu cayó sobre los que estaban presentes, también cayó sobre los dos ausentes que estaban detrás del campamento, y profetizaron como los otros sesenta y ocho.

El manto del celo cayó sobre Josué cuando escuchó que los dos ausentes también profetizaban, porque no pensaba que era correcto que los que no habían valorado suficientemente la reunión como para estar allí recibieran la misma bendición. Así que exclamó: *"Moisés, señor mío, detenlos!"* (Números 11:28). La respuesta de Moisés es clásica: *"¿Estás celoso por mí? ¡Cómo quisiera que todo el pueblo del Señor profetizara, y que el Señor pusiera su Espíritu en todos ellos!"* (Números 11:29). Josué cubrió su envidia aparentando un celo santo, pero la respuesta de Moisés muestra un corazón de verdadero padre.

La envidia de los sumos sacerdotes hacia Jesús los llevó finalmente a matarlo. Sin embargo, no se dieron cuenta que lo que los motivaba era la envidia. Los líderes religiosos estaban convencidos que lo estaban crucificando por motivos justificables y puros. ¡Pero hasta un gobernador gentil incircunciso tuvo más discernimiento! A Pilato difícilmente le llevó más de un momento darse cuenta que lo que alimentaba el odio de los líderes judíos era la envidia (vea Mateo 27:18; Marcos 15:10).

Esto ilustra el increíble poder de la envidia para engañarnos respecto a la verdadera naturaleza de las motivaciones de nuestro corazón. También nos muestra que no necesitamos ser gigantes espirituales para discernirla. Un gobernador impío pudo reconocerla instantáneamente. Cuando Pilato vio que estaba tratando con las pasiones volátiles de la envidia, trató de ayudar a los sumos sacerdotes a encontrar la perspectiva sugiriendo que Jesús fuese liberado, y Barrabás –un rebelde y asesino– procesado. Pero esos religiosos estaban tan lívidos de envidia que clamaron por la liberación de Barrabás y la crucifixión de Jesús. En ese momento Pilato supo que estaba frente a emociones que no aceptarían un argumento racional. La multitud estaba fuera de control. Los sumos sacerdotes literalmente habían *enloquecido* de envidia. Querían que un asesino volviera a las calles de la ciudad para poder crucificar a Jesús. La envidia los mantenía en campaña para la brutalidad y el asesinato. El relato ilustra el horrible poder de la envidia para llevar a los hombres a extremos demenciales ridículos.

Observemos solo un pasaje más acerca de Jesús y la envidia:

> *"–Ciertamente les aseguro –afirmó Jesús– que si no comen la carne del Hijo del hombre ni beben su sangre, no tienen realmente vida. El que come mi carne y bebe mi sangre tiene vida eterna, y yo lo resucitaré en el día final.(...) Al escucharlo, muchos de sus discípulos exclamaron: "Esta enseñanza es muy difícil; ¿quién puede aceptarla?" Jesús*

consciente de que sus discípulos murmuraban por lo que
había dicho, les reprochó: –¿Esto les causa tropiezo? ¿Qué
tal si vieran al Hijo del hombre subir a donde antes
estaba?" (Juan 6:53-54, 60-62).

Jesús sabía que nada revelaría más rápidamente la verdadera naturaleza de una relación que la promoción. Si tropezaban porque ofrecía su cuerpo y sangre por ellos, ¿qué harían cuando fuese promovido al trono del universo? Sabía que si en sus corazones había lugar para la envidia, su ascensión y glorificación les ofendería. Este principio es real en toda relación humana: cuando alguien cercano es promovido, usted repentinamente descubre la verdadera naturaleza de su relación. ¿Está celoso u ofendido? ¿O se hincha de alegría?

La **promoción** prueba

la **autenticidad** del **amor**.

Cuando un hijo es promovido, la madre arde de orgullo, porque el amor de la madre es genuino. La promoción prueba la autenticidad del amor. Cuando un colega es promovido a un puesto más alto que el suyo, su lealtad como amigo es probada y se revela. Cuando un hermano o hermana en Cristo es promovido en el ministerio, ¿la envidia llena su corazón o demuestra que su amor es verdadero?

¿Podía ser envidioso Juan el Bautista?

Juan el Bautista preparó el camino para Cristo y buscó apasionadamente su aparición. Pero cuando Cristo llegó, la demostración más grande de su lealtad sería quizás aprobar el "test de la envidia". ¿Cómo respondería cuando las multitudes comenzaran a abandonar sus reuniones y, en su lugar, se unieran a Jesús? La respuesta elocuente salió de su propia boca:

"Aquéllos fueron a ver a Juan y le dijeron:
–Rabí, fíjate, el que estaba contigo al otro lado del Jordán,
y de quien tú diste testimonio, ahora está bautizando, y
todos acuden a él.
–Nadie puede recibir nada a menos que Dios se lo conceda
–les respondió Juan–. Ustedes me son testigos de que dijo:
"Yo no soy el Cristo, sino que he sido enviado delante de
él". El que tiene a la novia es el novio. Pero el amigo del
novio, que está a su lado y lo escucha, se llena de alegría
cuando oye la voz del novio. Esa es la alegría que me
inunda. A él le toca crecer, y a mí menguar"
(Juan 3:26-30).

Los discípulos de Juan estaban alarmados por los indicios de debilitamiento de su ímpetu ministerial. Por primera vez en el ministerio de su maestro, la audiencia disminuía. Juan perdía popularidad y Jesús la estaba ganando. ¿No debía estar él también alarmado? Los seguidores de Juan pretendían ser celosos del ministerio de Juan, pero en realidad estaban envidiosos del ministerio de Jesús.

Pero Juan no participaría de su envidia. Se autodenominó "amigo del novio", y probó su amistad siendo veraz para con Jesús, aun cuando su ministerio comenzó a menguar. Había permanecido de pie, esperaba escuchar la voz del Novio, y ahora que la escuchaba, no era simplemente que se resignaba pasivamente al decaimiento de su ministerio, sino que se *regocijaba* que el Novio hubiese llegado y estuviese creciendo ante los ojos de la novia.

Juan estaba básicamente diciendo: "Mis reuniones están perdiendo ímpetu, ¡y esto me *emociona*!" Era un verdadero amigo del Novio. Sus más grandes sueños se cumplieron cuando la novia transfirió al Novio de sus afectos las atenciones que tenía para con él. La envidia no halló cabida en su corazón porque él mismo ardió con apasionado fuego santo ante el amado de su alma. Su amor era verdadero.

Distintos niveles de recompensas

En este capítulo hemos visto a la envidia como la dinámica que tiene lugar entre hermanos y también entre hermanas. Surge comúnmente entre pares que desarrollan sus actividades en el mismo medio. Jesús hizo un relató que ilustra esta dinámica en forma precisa.

En la parábola de Mateo 20:1-16, Jesús contó acerca de un hacendado que contrató obreros para trabajar doce horas al día; les pagaba un denario. Al avanzar el día, salió y contrató a otro grupo que trabajó nueve horas; luego a un nuevo grupo por seis horas y, finalmente, otro grupo trabajó solo una hora. Y no obstante, al finalizar el día, le pagó un denario a todos los obreros, sin tener en cuenta el tiempo que habían trabajado.

Al recibir todos el mismo pago, los que habían trabajado más tiempo se quejaron al empleador. Argumentaron que al pagarle a todos igual, el patrón les daba un trato preferencial a los que habían trabajado pocas horas. Aquellos que habían trabajado intensamente estaban envidiosos de los que habían trabajado solo una hora. El hecho de que no tratara igual a todos sus empleados generó envidia en las filas.

Jesús usó la parábola para ilustrar cómo se manifiesta la envidia cuando Dios da distintos dones a los hermanos que están en la misma posición. La verdad es que Él no recompensa a todos sus hijos e hijas de igual manera, por lo menos aparentemente. Cuando pensamos que Dios no ha sido justo con nosotros, la envidia tiene la oportunidad de encontrar asidero.

Este es un libreto que será aún más trivial cuando se aproxime el regreso de Cristo. Supongamos que usted ha trabajado en el Reino muchos años; ha soportado el calor de la cosecha; ha intercedido; ha sido fiel durante años. Luego, al derramar Dios de su Espíritu en los últimos días, ¡pum!, repentinamente saca de las calles algunos toxicómanos, los limpia y les da un ministerio más grande que el suyo.

Pareciera que, con el menor esfuerzo, estos obtuvieron de Dios todo lo que usted jamás consiguió. ¿Y qué sucede en su corazón? ¡Envidia! Aunque entiende que Dios acelerará el proceso de preparación en los últimos días, todavía, para "la carne", es muy desafiante ver a otro participando de las cosas por las que usted trabajó (vea Juan 4:38).

Jesús dijo, en la parábola, que los que habían trabajado más tiempo en la viña *"se quejaron del propietario"* (Mateo 20:11), identificando que el objeto de la queja envidiosa era ciertamente Dios mismo. A la envidia le molesta que Dios haya sido amable y generosos con otro hermano. Pero nuestro Dios es un Dios bueno que a veces recompensa a sus siervos con un criterio distinto al de haber trabajado diligentemente para Él.

El hacendado –que representa a Dios en la parábola– preguntó a los que estaban envidiosos: *"¿O te da envidia de que yo sea generoso?"* (Mateo 20:15). La envidia había llenado sus corazones y despertado sus emociones a tal punto que brotaba de sus ojos, les creaba un ojo maligno. El ojo maligno es la tiniebla que lo nubla e inflama cuando mira a otro hermano y desea lo que se le ha dado.

Me pregunto si Jesús tenía Proverbios 23:6 en mente cuando habló del ojo maligno. La Biblia NVI usa la palabra *"tacaño"* en ese proverbio, pero literalmente significa "alguien que tiene un ojo maligno". De modo que el ojo maligno tiene que ver con ser tacaño, miserable, avaro; mientras que el ojo bueno tiene que ver con la generosidad. El ojo maligno no desea que las bendiciones sean generosas sobre otra persona. Cuando la envidia oscurece la vista, las derivaciones espirituales son asombrosas. Cuando nuestro ojo se oscurece debido a la envidia y la avaricia, ¡*todo nuestro cuerpo* se llena de tinieblas! (vea Mateo 6:23). Por lo tanto, vencer la envidia de nuestro corazón ha llegado a ser el mayor imperativo.

Dios **permite** que el **corazón** de cada uno de **nosotros** sea **probado** por el **rigor** de la misma **dinámica**...

Los obreros en la parábola de Jesús lucharon con la envidia porque trabajaban en la misma viña. Si hubiesen trabajado en distintas comunidades, hubiese sido totalmente distinto. Pero póngalos a todos en la misma viña, y es casi inevitable que se fomente envidia.

Dios permite que el corazón de cada uno de nosotros sea probado por el rigor de la misma dinámica. Nos pone en una comunidad o región donde otros siervos son llamados a trabajar, precisamente en la misma viña. Nos coloca junto a otros hermanos o hermanas que también trabajan fervientemente, y luego hace que algunos tengan una cosecha más fructífera que otros.

¿Qué va a hacer cuando algún otro grupo celular crezca y se multiplique mucho más rápido que el suyo? ¿Cómo va a sentirse cuando otra iglesia crezca más rápido que la suya, especialmente cuando ese crecimiento se debe, en parte, a familias que dejaron su iglesia por ser partidarias de la otra? ¿Cómo va a responder cuando otro cantante de su grupo de adoración sea elegido para hacer uso del micrófono antes que usted? ¿Cuál va a ser la expresión de sus ojos cuando el ministerio de su hermana crezca, mientras que el suyo decae?

Esconder nuestra envidia detrás de otra motivación, aparentemente noble, es mortal, tanto para nosotros como para el avance del reino de Dios. Mientras se oculte la envidia y no se la resuelva, los planes de Dios son desbaratados y estorbados.

Confesarla y tratar con sus tentáculos es una de las cosas más poderosas que podemos hacer para promocionar la causa de Cristo. Cuando los hermanos y hermanas en Cristo están dispuestos a afrontar los problemas honestamente, preparan la senda real que anticipa la visitación de Dios con poder y gloria.

El proceso puede ser doloroso, pero elijamos ahora mismo abrazar los tratos del Espíritu Santo y encontrar un camino de victoria sobre la envidia, de modo que la fama de nuestro Dios ¡pueda esparcirse sin obstáculos sobre toda la Tierra!

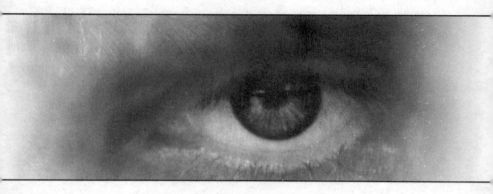

Capítulo 4

La **gran** **rendición** de cuentas del **talento**

el único pasaje muy apremiante de la Biblia relacionado con el tema de este libro se encuentra en una de las parábolas más ilustrativas de Jesús y la reservó para el final de su ministerio terrenal.

En la parábola (vea Mateo 25:14-30), Jesús contó la historia de un hombre que entregó sus bienes a sus siervos, y esperaba que ellos aumentaran sus fondos haciendo negocios, y luego se fue de viaje. Uno de los siervos recibió cinco monedas de oro, otro recibió dos y otro una, cada uno de acuerdo a su propia habilidad. Los dos primeros duplicaron los recursos de su amo, pero el tercero enterró su talento en la tierra.

Cuando el amo regresó y vio cómo los dos primeros habían multiplicado sus talentos, les dijo: *"¡Hiciste bien, siervo bueno y fiel! (...) Has sido fiel en lo poco; te pondré a cargo de mucho más"* (Mateo 25:21, 23). Sin embargo, el siervo que había escondido su talento por temor, fue severamente juzgado por el amo y arrojado a las tinieblas de afuera.

El amo en la parábola representa a Dios; los siervos a los que sirven a Dios, quien les ha dado distinto grado de habilidades; y las monedas de oro en la parábola representan los dones, habilidades y recursos que Dios le ha dado a sus siervos, que espera los multipliquen y aumenten para el avance de su Reino.

Esta parábola se refiere a los distintos talentos con los que Dios ha dotado a todos los creyentes. A algunos les ha dado un talento; otros han recibido dos y a otros se les ha dado cinco. En realidad, nuestro nivel de talento no está incluido en una de las tres posibilidades, sino más bien en algún lugar del enorme continuo que Jesús representó con los números 1 al 5.

Dios nos dotó para una amplia variedad de actividades, pero en la arena del ministerio, donde quizás se mida con más claridad, el talento se aprecia en la música y en la alabanza. Cuando una persona llega al ministerio de la música, su talento puede medirse tan fácilmente que usted casi podría asignarle un valor numérico. "Oh sí, ella llega a 3,7 cuando canta." "Póngalo en el piano, escuchará aproximadamente un 4,5 en la escala de talento." Los talentos musicales pueden medirse con tanta claridad que un ministro de música hábil puede tomar a todos los de su departamento y hacer una lista de nombres de acuerdo el nivel de talento, desde los de menor talento a los más dotados.

Por lo tanto, ya que los dones musicales pueden medirse con tanta claridad, elegiré ilustrar los principios de esta parábola apuntando al ministro de alabanza de la iglesia local. Dejaré que el lector aplique estos principios en otras áreas del ministerio, tales como enseñar, predicar, aconsejar, administrar y servir.

Antes que nada, notará que Jesús dijo que el hombre repartió los talentos *"a cada uno según su capacidad"* (Mateo 25:15). El Señor conoce nuestra fuerza y nos da de acuerdo a lo que podemos manejar. Podría ser tentador mirar a alguien con más talentos y envidiar lo que tiene; pero la realidad es que si usted tuviese el talento de esa persona, ¡probablemente sufriría una quemadura! Su cuerpo no ha sido hecho para manejar el nivel de responsabilidad que esos dones adicionales acarrean. La responsabilidad de administrar un talento mayor lo arruinaría. Dios lo conoce mejor, y le da de acuerdo a su fuerza. Él lo ama tal como usted es exactamente, porque lo ha hecho precisamente de la forma que Él quiere que usted sea. Le gusta que sea simplemente usted. Y no quiere darle más de lo que pueda administrar en forma efectiva. De modo que seamos agradecidos por los dones que tenemos y ¡porque Dios no nos ha dado más de lo que podemos soportar!

Cuando se **trata** de los **talentos**,

---

usted **tiene** lo que **tiene**.

Un poeta y líder de adoración, David Baroni, dijo que la envidia insulta a Dios, como si Dios le diera a mi hermano todo lo que le dio y no le quedara suficiente para darme mi justa porción. Pero cuando se trata de Dios, ¡hay bastante para repartir! Del modo que si Él limitó sus dones para con algunos de nosotros, es porque no podía cargarnos con más de lo que podíamos soportar.

Principios relacionados con los talentos

Solo Dios da talentos. Usted no puede trabajar con el talento que no ha recibido. Cuando se trata de los talentos, usted tiene lo que tiene. Si Él no se lo da, no lo tiene. Conozco gente a quien le gustaría tocar un instrumento, pero ¡podrían practicar durante treinta años y nunca serían músicos! No hay horas de práctica que puedan darle el don que no han recibido de Dios.

A veces alguien puede parecer que encuentra un don que no tenía. Observo cuatro cosas que puede hacerlo aparecer:

1. *Madurez.* Cuando llegamos a la edad adulta, a veces hay dones que estuvieron latentes en nosotros y salen a luz simplemente porque hemos crecido y aprendido cómo acceder a ellos.

2. *Despertar.* Algunos dones pueden estar latentes hasta que llega un maestro hábil que sabe cómo destrabar lo que ha estado adentro de continuo.

3. *Cultivo.* Cuando somos fieles en cultivar y multiplicar nuestros talentos, a veces podemos descubrir un nivel de habilidades asombroso. Conocí personas que pensé que nunca superarían uno punto cinco de talento en un área dada, pero debido a su determinación lograron aumentar sus talentos más allá de lo que jamás consideré posible y, por esta razón, les vi aproximarse al tres punto cinco.

4. *Concesión.* En algunos casos Dios visitará a alguien, incluso siendo adulto, y le concederá divinamente algún don que no había tenido previamente.

De modo que quedan estos dos principios: solo puede trabajar con lo que Dios le ha dado, y los talentos pueden aumentarse y multiplicarse.

Volvamos a los talentos: Dios busca primeramente dos cualidades: *bondad* y *fidelidad.* Al final de los días, todo lo que desearemos escuchar es: *"¡Hiciste bien, siervo bueno y fiel!"* La bondad tiene que ver con la integridad, la moral y la honradez; la fidelidad tiene que ver con la diligencia, la solicitud y la laboriosidad. El mayordomo sabio se entregará, sobre todo, a la bondad y a la fidelidad.

Creo que una de las mejores formas de cultivar su talento musical es estar junto a alguien que sea mejor músico que usted o que tenga más unción, y aprender a su lado.

Cuando mi hermano Sheldon fue a la facultad, mamá me comunicó que debería tocar el piano en la iglesia. Le dije: "Pero, mamá, no sé tocar el piano". Mis argumentos cayeron en oídos sordos; desde entonces he tocado el piano en la iglesia, indiscutiblemente. Por aquellos días había solo dos instrumentos en la iglesia: un órgano y un piano. Mamá tocaba el órgano, y yo tenía que tocar el piano.

El primer domingo fue un *desastre* –yo tenía entonces catorce años–. Me sentí tan mal que pasé toda la semana siguiente tratando de desarrollar mis habilidades para el fiasco del próximo domingo. Mamá apretaba el pedal del órgano hasta el suelo, tapando con efectividad mi ineptitud, y llegando con dificultad hasta el fin de cada canción. Yo tocaba tratando de alcanzarla. Cuando las semanas se hicieron meses, me encontré siguiéndola más y más de cerca. Al tiempo, el hijo era capaz de acompañar a su madre, y en algunos aspectos aun superarla. ¡Literalmente aprendí a tocar el piano en la iglesia! Y así aprendí este valioso principio sobre los talentos: póngase al lado de alguien que tenga más habilidad y practique hasta que lo iguale.

El autor y profesor Mike Bickle ofreció la intrigante perspectiva de que Jesús con la palabra "talentos" se refería a los dones *públicos*. En otras palabras, es lo que distingue a una persona con cuatro talentos de otra que tiene tres, es que la que tiene cuatro tendrá naturalmente una expresión pública más visible. Cuánto más dotado, en forma muy natural su don lo llevará a una plataforma pública más prominente. Salomón enunció este principio cuando escribió: *"¿Has visto a alguien diligente en su trabajo? Se codeará con reyes, y nunca será un Don Nadie"* (Proverbios 22:29).

El ejemplo puede verse en el tabernáculo de David con la persona de Quenanías, quien llegó al prominente lugar de jefe instructor de los cantores *"por lo experto que era"* (1 Crónicas 15:22). Aquellos que son fieles en cultivar sus talentos y llegan a ser hábiles en su arena, ascenderán naturalmente y se les confiarán las áreas de liderazgo correspondientes. Es justo que a los más hábiles y ungidos se les otorguen roles de liderazgo en nuestro ministerio de adoración.

Distribución de los talentos

Pareciera que Dios actúa totalmente al azar por la forma en que da dones a los hombres. No le da más a ciertas personas porque sean bellas o altas, o tengan cabello oscuro, o sean elegantes o tengan una personalidad atractiva. La distribución de los talentos no tiene aparentemente un patrón evidente. ¿Por qué Dios le da un talento a este y dos al otro? Aparentemente no hay ninguna razón. Simplemente lo hace. No pregunte por qué; nunca tendrá respuesta. Dios se levanta en la autoridad de su soberanía y decide arbitrariamente lo que le dará a cada uno. Su nivel de talento no tiene nada que ver con su amor por usted. Ya sea que le dé uno, dos o cinco talentos, lo ama tanto como a cualquier otra persona del planeta.

Dios le da un talento a este, dos a aquél, cinco a otro, y luego los coloca en el mismo equipo de adoración y dice: "Resuélvanlo". ¡Habla de una receta para la catástrofe! Los ministerios de adoración son célebres entre los pastores por ser una de las áreas más problemáticas de la iglesia local. ¿Por qué es así? Una de las razones sería indudablemente el hecho de que Satanás resiste el enorme potencial del ministerio de adoración. Pero hay otro problema, cuyo origen no es demoníaco sino carnal. Me refiero a la envidia que surge en los grupos de adoración integrados por miembros con distinto nivel de dones. Considere nuevamente lo que Santiago dijo al respecto: *"Porque donde hay envidias y rivalidades, también hay confusión y toda clase de acciones malvadas"* (Santiago 3:16).

Cuando se permite la envidia sin restricciones en nuestros ministerios de adoración, los mismos se transforman en moradas de *"toda clase de acciones malvadas"*. Nada puede ser más esencial que sacar a la luz estos problemas y llamarnos al arrepentimiento.

Cuando usted pone a personas con distintos niveles de dones codo a codo, llama a los problemas. Este terreno que llamamos equipo de adoración está plagado de minas. Pero Dios tiene un propósito al distribuir múltiples niveles de dones en todo el cuerpo de Cristo, y quiere que lo exploremos.

El problema del crecimiento de la Iglesia

Aquí está la forma en que funciona, en la actualidad, la dinámica de los distintos niveles de talentos que trabajan codo a codo. Una nueva iglesia acaba de comenzar y hay aproximadamente treinta personas que asisten a esta iglesia joven. Cuando planta una iglesia por primera vez, está agradecido por cada persona con un talento. ¿El muchacho solo sabe una canción en el banjo? ¡Está en el grupo de alabanza! ¿Esta hermana toca el arpa? ¡Está en el grupo de alabanza! ¿Frank puede tocar la guitarra en los acordes sol y re? ¡Frank es ahora el director de música!

Luego, un domingo, usted entra a la iglesia con sus dos talentos. Mira al ministro de adoración que tiene uno y piensa para sí, *llegué para este momento.* Le informa al pastor de su talento y voluntad de servir. El pastor mira sus dos talentos y sus ojos se iluminan. ¡Usted es la respuesta a la oración! No pierde tiempo en darle el ministerio de adoración. Muy pronto usted logra que ese ministerio funcione en una dimensión totalmente nueva. La adoración en la casa mengua, se multiplica el espíritu de alabanza en la congregación, la presencia de Dios es más viva que nunca, y la gente es incesantemente atraída por la atmósfera de adoración. La iglesia crece rápidamente de treinta a setenta y cinco, y luego a ciento treinta. Usted es el salvador del ministerio de adoración. Todos en la iglesia lo aman y dan gracias a Dios reiteradamente por el día en que lo envió allí.

Luego un domingo a la mañana sucede esto. ¡Por la puerta de atrás llega... el que tiene cinco talentos! Usted piensa para sí, ¡*vuelve al pozo desde donde te arrastraste!* Se sorprende ante la multitud de emociones que surgen dentro suyo cuando le clava la vista a este prodigio con cinco talentos. Sabe que si esa mujer con cinco talentos se une al ministerio de adoración, sus dones naturalmente le abrirán camino, finalmente la pondrán a cargo del ministerio de adoración y será la nueva salvadora del grupo de adoración. Usted será olvidado a la sombra de los dones excepcionales que ella posee y de su maravilloso espíritu.

Pero luego la **persona** con dos **talentos**

mira a **la** que **tiene** cinco y piensa: **"Déjame** sacarte los **ojos".**

Estoy describiendo la dinámica de Eclesiastés 4:4: *"Vi además que tanto el afán como el éxito en la vida despiertan envidias. Y también esto es absurdo; ¡es correr tras el viento!"* ¿Qué logra la persona con cinco talentos por todas sus labores para cultivar su don? Envidia.

Cuando la persona con dos talentos mira a la que tiene uno, piensa: *Muévete, yo estoy aquí ahora. Las cosas van a ser un poco distintas por aquí.* Pero luego cuando la persona con dos talentos mira a la de cinco, piensa: *Déjame sacarte los ojos. No te quedes aquí. No hagas de esta tu iglesia. Vete a algún otro lugar.* El problema es la envidia, y finalmente aparece prácticamente en todo ministerio de adoración sobre la faz del globo.

Estas dinámicas son parte de los dolores de crecimiento de las iglesias que retoñan. A medida que la iglesia crece, los niveles de dones dentro de sus distintos ministerios deben crecer como lo hace el cuerpo corporativo. Para que una iglesia de novecientas personas se mantenga creciendo, necesitará un ministerio de adoración con cierto grado de talento que no resulta necesario en una iglesia de cien.

Si el nivel de excelencia en el ministerio de adoración –y en otros ministerios– no crece con la iglesia, el crecimiento de la misma se estabilizará y la meseta tendrá el mismo nivel de talento que sus líderes. A veces los pastores enfrentan decisiones dolorosas. *¿Mantengo a esta persona con tres talentos a cargo del ministerio de adoración y sigo haciendo felices a todos, o se lo doy a esta con cuatro talentos para que podamos seguir creciendo? Pero si lo hago, sé que algunos se sentirán ofendidos.* Pastorear estas transiciones es dolorosamente delicado.

Caminando juntos

Dije que la persona con tres talentos mira a la que tiene uno y responde con un poco de arrogancia; y luego la que tiene dos mira a la que tiene cinco y responde con envidia. ¿Pero qué de la que tiene un talento? De acuerdo a los dichos de Jesús, su tendencia es enterrarlo. Cuando crece la excelencia del ministerio de adoración, la persona con un talento dice: "Abandono. Renuncio al ministerio de adoración.

Celebre el éxito de sus hermanos
con cinco talentos.

Ustedes, muchachos, son mejores que yo. Soy demasiado inteligente como para pararme en la plataforma al lado de todos esos talentos. No más, aquí se acabó". De modo que esa persona entierra lo que tiene.

¿Y el que tiene cinco talentos? Su tendencia es decir: "¿No podemos alumbrar un poco este barco? Si pudiéramos echar por la borda algunos aparejos innecesarios, ¡realmente podríamos navegar y lograr algún progreso!" La persona con cinco talentos quiere deshacerse de la carga pesada y realmente despegar.

La parábola de Jesús tiene esto para decirle al que tiene cinco talentos: aminora la marcha y lleva contigo a los demás. Tu trabajo es enseñar, instruir, guiar, equipar, impartir a aquellos que tienen menos talentos que tú. Si estás dispuesto a aminorar la marcha y llevar a todos contigo, cumplirás con tu rol en el ministerio de alabanza. Serás alguien que instruye a los demás.

La mayoría de nosotros tiende a caer en la categoría de los que tienen dos talentos. No somos tan dotados como otros, pero somos más dotados que algunos. Es un saludable despertar darse cuenta de esta simple verdad: siempre hay alguien más talentoso que usted. Podemos también acostumbrarnos a ello. Así la mayoría de nosotros se coloca en esa categoría media. El énfasis de la parábola para nosotros es este: no permita que la envidia le robe su herencia en Cristo. Celebre el éxito de sus hermanos con cinco talentos. Únase a ellos en la batalla; marchen todos juntos. Y sea agradecido porque puede servir en esa categoría media como sostén principal y respaldo del ministerio de alabanza.

La **batalla** de los **últimos** días será **ganada** por

un **ejército** de **guerreros** con un talento

que **dará** todo en **beneficio** del Rey.

¿Y qué dice la parábola a las personas con un talento? ¡Desentierre su talento! A usted simplemente no le está permitido darse el lujo de mantenerlo enterrado. Avance: desentiérrelo, cepíllelo, límpielo y ríndalo para el uso del Maestro. Creo que existe un ejército que se levantará sobre la Tierra en los últimos días, que confundirá el poder de las tinieblas. Preguntarán: "¿De dónde ha salido este ejército?" Le respuesta será: "Este es el ejército de los santos con un talento que lo han desenterrado, lo han cepillado y lo han desplegado para beneficio del Reino". La batalla de los últimos días será ganada por un ejército de guerreros que dará todo en beneficio del Rey.

El gran desafío actual para el ministerio de adoración es caminar juntos –los de cinco talentos, los de dos y los de uno– y pactar juntos de modo que la gloria de Dios pueda ser revelada sobre la Tierra. La envidia buscará robarnos esa apasionante aventura, pero no nos someteremos a ella por el momento. Somos conscientes de los planes del enemigo. Crucificaremos la carne; reconoceremos los problemas de nuestro corazón y venceremos en el poder del Espíritu.

Liberando todo el cuerpo para funcionar juntos

Uno de los más grandes desafíos para el liderazgo de la iglesia es proveer una atmósfera donde los músicos con cinco talentos estén ansiosos por estar en el equipo, pero donde las personas con un talento sean abrazadas con cariño y tengan una participación significativa en trabajo ministerial. ¿Cómo liberamos al mismo tiempo a las personas con cinco talentos, con dos y con uno? Si vamos a equipar a todos los santos para la obra del ministerio (vea Efesios 4:12), entonces debemos intencionalmente contestar esta pregunta. Aunque ilustremos estas dinámicas refiriéndonos específicamente al ministerio de adoración de la iglesia local, el desafío de los talentos existe virtualmente en todas las áreas del ministerio. Corresponde al lector aplicar estos principios a otras arterias del ministerio.

Un amigo personal, que clasificaría como un músico con cinco talentos y que también tiene corazón de adorador, me dijo: "Quiero estar en el grupo que lucha por la excelencia". Este es un sentimiento común entre los que tienen más talento. Otro amigo me dijo que era muy gratificante ministrar en un grupo con otros músicos de cinco talentos. Y todavía agregó: "Alguna vez me dieron oportunidad de tocar y aprender cuando no tenía la seguridad que tengo ahora." ¡Aun los músicos con cinco talentos deben comenzar en alguna parte!

Nuestros distintos niveles de dones traen vientos de conflicto en las relaciones que es imposible evitar, pero que debe enfrentarse. Los ministerios que enfocan equipar a los santos que tienen un talento, a menudo se mueven tan lentamente que los que tienen cinco talentos no quieren participar. El lugar es simplemente demasiado aburrido para ellos. No obstante, los ministerios que enfocan liberar a los santos con cinco talentos, tienden a dejar que las personas con un talento se sientan excluidas, eclipsadas, sin derechos y no necesitadas. Simplemente no pueden continuar.

Una iglesia se esforzó por resolver este problema y formó tres grupos de adoración que funcionaban con tres distintos niveles de talento. Al grupo con los mejores músicos se le dio la música más compleja que evitaba que se aburrieran y los desafiaba a trabajar mucho. El segundo grupo también era bien bueno musicalmente, pero era mayor en tamaño y fue ampliado para incluir un coro de cantantes. Este grupo podía fluir en forma espontánea, pero aún necesitaba mucho ensayo. El tercero estaba compuesto por músicos nuevos y servía para dar pie al ministerio de adoración.

Todos comenzaron en este grupo y luego ascendieron a otros cuando se conocieron sus talentos y espíritu. Los músicos de este grupo

mantuvieron su sencillez, y raramente se movían más allá de su preparación. Los tres grupos rotaban en forma regular de modo que todos
tuviesen la oportunidad de expresarse. Se cuidó la unidad de los tres
grupos teniendo momentos de compañerismo entre sí.

El método de otra iglesia fue establecer un primer grupo de adoración que tuviese los mejores músicos y que ministrara la mayoría de
los domingos. Un segundo grupo servía como sostén del primero, mi-
nistraba cuando el director de adoración del primero no estaba en la
ciudad. No eran grupos que rotaban, aunque los miembros del segundo grupo tenían la obligación de sustituir a los miembros del primero
cuando estaban ausentes. El segundo grupo servía como lugar de en-
trenamiento para aquellos que tenían distintos niveles de dones. Las
personas de este grupo eran enviadas a cumplir funciones en distintos
ministerios de la iglesia, tales como grupos caseros, trabajo con niños,
grupos de jóvenes o en el escenario del restaurante.

La Casa Internacional de Oración (IHOP) de la ciudad de Kansas
está descubriendo una solución fascinante para este desafío de movi-
lizar todos los niveles de dones. Al establecer siete días de veinticuatro horas de adoración y oración ininterrumpidas, hubo una demanda
inmediata de miembros del grupo de adoración para servir en todos
los horarios. La demanda dio lugar a una amplia variedad de dones y
niveles. El formato de siete días de veinticuatro horas también tuvo un
precioso efecto al elevar el nivel de musicalidad en la casa del Señor a
paso acelerado. Esto se ha convertido en contexto seguro para que los
adoradores multipliquen sus talentos.

El testimonio común de los líderes es que *es* posible llevar a cabo
un ministerio que incluya todos los niveles de dones. Una de las claves es enfatizar el modelo de ministerio del Nuevo Testamento. A los
que están dispuestos y tienen celo por aumentar sus talentos y espiri-
tualidad se les debe garantizar un lugar en el medio. Si nuestra meta
es la excelencia, entonces muchos serán excluidos; pero cuando enfa-
tizamos el llamado y las motivaciones del corazón, hay lugar para todos los llamados. Es asombroso ver a alguien con poco talento tener

un impacto ministerial mucho más grande que el esperado, porque tiene la pasión ardiente de que Jesús encienda el corazón de otros.

El pastor sabio encontrará formas para que los músicos con cinco talentos los acrecienten. Mientras que deben entrenar a otros, también tienen que tener un espacio para sus habilidades creativas. Cuando a las personas con cinco talentos se les da la libertad de extender sus alas, deben crear en efecto de túnel aerodinámico: en el momento de avanzar deben abrir camino para que otros los sigan. El límite es que estamos obligados a comprometernos para salir juntos de la difícil dinámica surgida debido a los distintos niveles de talentos. Las Escrituras nos dicen que *"el amor no es envidioso"* (1 Corintios 13:4), de modo que cuando caminamos realmente en amor unos con otros, destruiremos –agrediremos– las pasiones carnales que la envidia levanta.

La espina en la carne

El ministerio de adoración es uno de los más poderosos de la iglesia. Cuando la presencia de Dios descendía sobre los levitas ungidos mientras ministraban delante del Señor, la reacción en cadena que podía comenzar a tener lugar en el Espíritu era absolutamente poderosa y potencialmente embriagante para los que Dios usara de esa manera. Si este ministerio no tuviera nada que lo mantenga en equilibrio, fácilmente puede llegar a ser dirigido por el egocentrismo y la ambición.

El hecho de que **tengamos** que **trabajar** el uno **para** el otro con **nuestros** distintos **talentos** nos **mantiene** humildes, **dependientes** y **apoyados** en Dios.

Pero Dios le ha dado un elemento balanceador, al que llamo su espina en la carne. Es la disparidad de talentos en el grupo. Dios ha constituido soberana e intencionalmente esta tensión en nuestro sistema ministerial para que estemos obligados a enfrentar con honestidad las actitudes de nuestro corazón. Nuestra bondad es probada; nuestra paciencia es probada, nuestra fidelidad es probada, nuestro amor es probado. El hecho de que tengamos que trabajar el uno para el otro con nuestros distintos talentos nos mantiene humildes, dependientes y apoyados en Dios. Y *es por eso* que Él otorgó múltiples talentos. Es efectivamente nuestra seguridad y salvación. Sin eso, ¡ni siquiera podríamos vivir con los salmistas!

El llamado de la Escritura a darnos preferencia –u honrarnos– nos desafía a todos. Cuando los santos con un talento le dan preferencia a los que tienen cinco, les dan lugar para que asciendan las persona con cinco talentos, y esto demostrará –a los que tienen un talento– lo poco talentosos que realmente son. Esto probará profundamente el corazón de los que poseen un talento. ¿Acusarán a las personas con cinco talentos de querer actuar y de operar en la fuerza de la carne?

Por otro lado, cuando los que tienen cinco talentos dan preferencia a los que tienen uno, dan un paso atrás y le otorgan la plataforma para que se expresen, el corazón de las personas con cinco talentos es probado, pues asumen un rol secundario, a pesar de saber que ellos podrían hacerlo mejor. ¿Acusarán de envidiosos a los que tienen un talento?

Lo que el Espíritu Santo somete a prueba en nuestro corazón es: ¿nos damos preferencia en amor?

La estrella del equipo

Cierta vez en que llevé a mi hijo Michael a un partido de básquet, su equipo jugaba con otro equipo que tenía un jugador estrella. Cuando este muchacho particular estaba en la cancha, su equipo lograba muchos puntos. Cuando estaba en el banco, el equipo de mi hijo se recuperaba. Pero la recuperación no duraba mucho, porque luego la estrella regresaba a la cancha y su equipo despegaba nuevamente.

¿Ha jugado alguna vez en un equipo donde pasaba mucho tiempo, sentado en el banco, mirando al jugador estrella de su equipo iniciar siempre el partido, jugar más tiempo que los demás y, además, también terminarlo? Si está en esa posición y tuviera que elegir cómo sentirse, podría sentirse envidioso, o podría sentirse contento de que él o ella esté en su equipo.

Estoy a punto de confesar un horrible caso de envidia en mi vida. Sé que mis amigos que lean esto lo usarán en mi contra por el resto de mi vida –con buen humor, por supuesto– pero adivino que allí está la cosa. Si confieso mi hedionda envidia y permito que otros me "carguen" –me tomen el pelo– por eso, puede ser que obtenga mayor gracia para vencer.

Un día fui señalado por una revista cristiana y me topé con un nombre. El nombre se publicaba por este evento, por tal crucero, por haber escrito tal otro libro, etc. Luego en la lista de *best-seller*, su nombre estaba exactamente primero. El nombre era Max Lucado. No he visto jamás a Max Lucado, ni he estado jamás en la misma habitación. Podría pasar a su lado en la calle y nunca sabría que es él. De modo que me detuve y pensé para mí: *¿Por qué me molesta este tipo? Nunca lo he visto ¡y me molesta!* Y rápidamente el Espíritu Santo susurró en mi corazón: "envidia." De repente me di cuenta: ¡estaba envidioso de Max Lucado! ¿Y por qué? ¡Porque *su* libro y no el mío era el *best-seller* número uno!

Ahora bien, me arrepentí inmediatamente, por supuesto. Pero el problema no era Max Lucado; el problema era mi corazón. Luego, al mes siguiente, al leer la revista, descubrí que tenía nuevas oportunidades para envidiar porque era *otro* el autor del *best-seller* de ese mes. Comencé a darme cuenta que siempre habría alguien más dotado que yo. De modo que era mejor que me acostumbrara y tratara el problema.

Varias veces el Señor me tuvo que decir, con respecto a los que eran más talentosos y ungidos que yo: "¿Por qué no puedes regocijarte que estén en tu equipo?" De modo que por su gracia, eso es lo que me he propuesto hacer.

> ## Jesús nunca le dio lugar a otros
> ## dejando de lado su propio llamado.

Es fácil para los que tienen cinco talentos caer en la trampa de confiar en sus fuerzas naturales. A veces comienzan a sentirse autosuficientes, como si no necesitaran de otros. Y en algunas oportunidades pueden pasar por encima de otros al perseguir sus metas. Si usted es una persona de cinco talentos con el corazón de David, quizás Dios lo mantenga –controlado– en jaque, y le dé un Saúl. Mientras toque hábilmente su arpa para el Señor, Saúl tratará de atravesar su corazón: le arrojara una jabalina. Saúl era realmente un don de Dios para David, para mantenerlo humilde en medio de su unción.

> ## Al comienzo, los doce tuvieron que
> ## elegir: ser intimidados por este Hombre
> ## o quedar fascinados.

He visto a algunos de los más talentosos líderes funcionar con muy poca unción porque podían fácilmente quedar atrapados en enfocar la habilidad musical a expensas de profundizar en Dios. Tienen una chispa impresionante pero poco aceite. Muchas personas son engañadas, pero aquellas que tienen discernimiento conocen la diferencia. Dios tiene formas de enseñarle a los de cinco talentos que no son absolutamente nada sin su gracia y su unción. A veces, aprender esta lección resulta doloroso.

Aprendiendo de Jesús

No pienso que alguien discutiría que Jesús era un hombre con cinco talentos. ¡Sí, con cinco talentos! Por tanto ¿en qué forma obraba Jesús entre sus discípulos que tenían distintos niveles de talento?

Antes que nada, Él nunca se apartó de su mandato ni dejó de

hablar para beneficiar a los que lo seguían. Nunca dijo: "Juan, hoy te toca enseñar. Yo voy a escuchar". Y nunca dijo: "Pedro, hoy te toca sanar a la gente. Me voy a sentar por aquí a observar".

En otras palabras, nunca dejó de lado su llamado para darle lugar a otros. Se puso en marcha e invitó a sus discípulos a pararse a su lado y observar, y de esa forma fueron transformados en su presencia. Al comienzo, los doce tuvieron que elegir: Ser intimidados por este Hombre, o quedar fascinados, disfrutarlo y aprender a su lado. Aunque Él era más talentoso que ellos, se propusieron dejar la envidia y alegrase por el placer de caminar a su sombra.

Observo este patrón general en la forma de Jesús de levantar ministerios: enseñaba y modelaba; luego los enviaba de a dos a hacer lo mismo que Él hacía. Mientras tanto continuaba con su ministerio. Después, escuchaba el informe y volvía a alimentarlos y a corregirlos; y luego les decía que se quedaran a su lado una vez más para observar y aprender. Así el círculo volvía a repetirse. Eventualmente llegó la hora de la separación. En el momento en que Jesús se separó de ellos, estaban preparados para funcionar por su cuenta.

Volvamos a la envidia: recogí otro principio importante de la vida de Jesús. Lo descubrí en este pasaje:

> *"Se le acercaron Jacob y Juan, hijos de Zebedeo. —Maestro —le dijeron—, queremos que nos concedas lo que te vamos a pedir. —¿Qué quieren que haga por ustedes? —Concédenos que en tu glorioso reino uno de nosotros se siente a tu derecha y el otro a tu izquierda. —No saben lo que están pidiendo —les replicó Jesús—. ¿Pueden acaso beber el trago amargo de la copa que yo bebo, o pasar por la prueba del bautismo con el que yo voy a ser probado? —Sí, podemos. —Ustedes beberán de la copa que yo bebo —les respondió Jesús— y pasarán por la prueba del bautismo con el que voy a ser probado, pero el sentarse a mi derecha o a mi izquierda no me corresponde a mí concederlo. Eso ya está decidido.*

*Los otros diez, al oír la conversación, se indignaron contra
Jacob y Juan. Así que Jesús los llamó y les dijo: —Como ustedes saben, los que se consideran jefes de las naciones
oprimen a los súbditos, y los altos oficiales abusan de su
autoridad. Pero entre ustedes no debe ser así. Al contrario,
el que quiera hacerse grande entre ustedes deberá ser su
servidor, y el que quiera ser el primero deberá ser esclavo
de todos. Porque ni aun el Hijo del hombre vino para que le
sirvan, sino para servir y para dar su vida en rescate por
muchos"* (Marcos 10:35-45).

Santiago y Juan querían tener un lugar de especial privilegio en el
trono de Jesús. Cuando los otros diez escucharon su pedido, se "indignaron". ¿Por qué? Por la envidia. Cuando Jesús se dio cuenta que su
pedido había producido tanta envidia, llamó a todo el grupo de discípulos y se encargó del problema.

¿Cómo manejó Jesús la envidia? Yo hubiese esperado que sacara
una maza y tratara con violencia a tan oscuro, fangoso, horrible y per-
nicioso pecado. Pero aquí está el principio importante: al corregir la
envidia, lo hizo con mansedumbre.

Al **corregir** la envidia, **Jesús**

lo **hizo** con **mansedumbre**.

¿Puede ver la mansedumbre en su respuesta? Esto me enseña mucho. Me dice que cuando vea la envidia en nuestro ministerio de adoración –o en cualquier otro ministerio de la iglesia– debo tratarla pron-
ta y diligentemente, pero *amablemente*. Al corregir la envidia, debemos
instarnos entre nosotros, con mansedumbre, a crucificar la vida. Hu-
millémonos y sirvámonos unos a otros. Sigamos teniendo un corazón
blando que clama por misericordia. El orgullo y la ambición se arrodi-
llarán en la presencia de esta clase de corrección amable.

Más allá de los talentos

Doy gracias a Dios porque nos da talentos; pero este capítulo no estaría completo si no le agregara este pensamiento: hay otra dimensión más allá de los talentos. Hay una dimensión del ministerio de la gracia de Dios, en la que nuestra efectividad ministerial sobrepasa el grado de talento. ¡Realmente es una buena noticia! Permítame introducirlo en el tema.

Comencemos con los cinco talentos de José. Él era un muchacho con múltiples talentos que podía hacer todo. Potifar puso la administración de sus bienes bajo la supervisión de José, porque todo lo que tocaba era bendecido por Dios. Impresionaba a todos con su habilidad para digitar múltiples tareas con gracia y aptitud. Con sus cinco talentos era capaz de manejar toda una familia (vea Génesis 39).

Hay una **dimensión** del ministerio de

la **gracia** de Dios, en la **que**

nuestra **efectividad** ministerial **sobrepasa**

el **grado** de **talento**.

Pero Dios tenía mucho más que una familia para José: tenía un *nación* para que José administrara. Y, no obstante, Dios sabía que si José iba a ser efectivo en liderar la nación, tenía que encontrar un depósito en su interior que fuese más profundo que sus talentos naturales. Para ayudarlo a encontrar esa dimensión, Dios lo puso en la cárcel. La prisión era el lugar donde todas las fuerzas y dones que había cultivado, se volvían inútiles. En el solitario confinamiento de su húmedo calabozo egipcio, puedo imaginarme a José que clamaba a Dios con incomparable desesperación: "Dios, ¿por qué has permitido esto? ¿Por qué no funcionaron en mi vida tus promesas? Solo te obedecí y te amé; y ahora estoy aquí, prisionero en Egipto, y no he hecho nada para merecerlo. ¿Dónde estás tú? Si no me hablas, ¡voy a *morir* en esta cárcel!"

La desesperación lo empujó a argumentar con el Espíritu de Dios en una forma como jamás lo había hecho en toda su vida. Usó el abundante aburrimiento como oportunidad para buscar del Espíritu de Dios con una intensidad sin precedentes. Echó raíces en Dios, en forma más profunda, más profunda, profundamente. ¡Y luego un día encontró el río! Encontró el río de la permanencia en el Espíritu de Dios. Encontró en Dios una fuente que corría con más profundidad que las etapas de la vida. Encontró tal fuente en Dios que, cuando el Faraón tuvo su sueño, José fue capaz de inspirarse en ese río de vida y darle la interpretación del sueño. Fue su habilidad para entrar a las profundidades del Espíritu lo que lo liberó de la prisión.

En un día el José de la prisión pasó a ser el José del palacio. Y la decisión que se esperaba de José era esta: ¿alimentarás una familia o una nación? Para ser pastor de las naciones, José, tendrás que encontrar la fuente en Dios que abre camino más allá de tus dones. Tus dones son grandes, pero nunca te darán poder para hacer lo que Dios tiene para ti. Pero ahora, porque encontraste el río, serás un dispensador de vida a las naciones de la Tierra.

Y después está Ana (vea Lucas 2:36-38). Yo la llamo Ana con un talento. Nada en el relato bíblico hace suponer que Ana tenía dones o habilidades sobresalientes. No tenía ninguna habilidad negociable, pero sabía que podía hacer una cosa: ser esposa y madre. Pero después de siete años de casada, Dios destruyó la vida de su esposo. Esta catástrofe hizo vacilar a Ana: "Dios, ¿cómo pudiste quitar la luz de mis ojos? ¿Cómo pudiste destruir la visión que alguna vez tuve para mi vida? Me quitaste la única posibilidad que tenía".

En la tristeza del momento, Ana podía elegir: amargarse contra Dios o profundizar en Dios más que antes. Al elegir lo último, Ana comenzó a buscar a Dios con todo su ser. "Dios, no sé por qué devastaste mi vida. No puedo ver tu bondad en mi vida; sin embargo, declaro que eres un Dios bueno, y te buscaré hasta que vea tu bondad. Declaro que eres un Dios amante, aunque ciertamente no parezca que me amas en este momento; sé que eres un Dios amante y te buscaré hasta que vea tu amor en mi vida". Y Ana comenzó a insistirle al Espíritu de Dios como nunca antes.

Y luego un día escuchó una voz: "¿Ayunas y oras? ¿Noche y día? –Bien, Señor, como tú digas". Calentó el horno siete veces y comenzó a entregarse al ayuno y a la oración, ministró al Señor noche y día.

Los meses llegaron a ser años, y luego volvió la voz: ¿"MESÍAS"? ¡Oh, mi Señor, Mesías!" Dios le había mostrado que el Mesías nacería pronto y que por su intercesión cumplía un rol crítico, por medio de la oración preparaba el camino. Con redoblada urgencia intercedió afanosamente por el Mesías. Y luego llegó el día en que ¡sostuvo con sus propios brazos la respuesta a sus oraciones! No pienso que exagero la historia cuando sugiero que Ana oró en el Mesías.

Ana es una mujer con un talento que pudo convertirse en víctima de la amargura; pero porque insistió frente a Dios, el Señor cambió su esterilidad en fertilidad, y ahora es la madre espiritual de toda la familia de la fe. Pensó que Dios había enterrado su único talento, cuando en realidad Dios la llevaba a una dimensión que lo reemplazaba.

Dé gracias a Dios por sus talentos, ya sean cinco, dos o uno. Y haga todo lo posible para cultivarlos con fidelidad hasta lograr su máxima expresión. Pero si el Señor lo lleva a una dimensión más elevada, permítale que lo presione a buscar su rostro con una desesperación sin precedentes. Quizás lo llevará a otra dimensión, en la cual *"no es por la fuerza, ni por poder, sino por mi Espíritu, dice el SEÑOR de los ejércitos"* (Zacarías 4:6).

Nota

1. Vea www.fotb.com para mayor información sobre el ministerio de la Casa Internacional de Oración (IHOP).

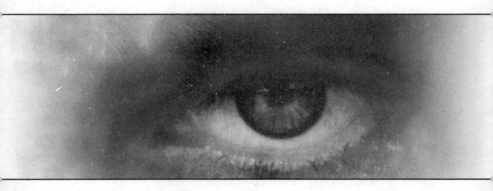

Capítulo 5

Por **qué** demora el **avivamiento**

d ondequiera que Dios desate un avivamiento de poder y gloria, estará invaria-
blemente acompañado de un estallido de
envidia. Tal cosa se opuso a Jesús en su ministerio terrenal y también
en los apóstoles cuando llevaron el evangelio a las naciones. Es especialmente fascinante estudiar las erupciones de envidia que siguieron
a Pablo en sus viajes misioneros.

- La primera erupción fue en la isla de Pafos, donde Elimas el
  mago resistió a Pablo y trató de apartar de la fe al procónsul debido a que envidiaba y temía a la autoridad de Pablo (vea Hechos 13:6-8).

- En Antioquia de Pisidia (vea Hechos 13:14-50), Pablo predicó el evangelio en la sinagoga en sábado. Los judíos no estaban muy persuadidos, pero los gentiles rogaron a Pablo y a Bernabé que regresaran el sábado siguiente para predicar nuevamente. Cuando lo hicieron, *"casi toda la ciudad se reunió a escuchar la palabra de Dios"* (v. 44). Bien, ¡adivine qué pasó! Ver la multitud reunida alrededor de los apóstoles encendió una caldera de envidia entre los judíos. Inmediatamente comenzaron a desmentir el mensaje, a blasfemar y a oponerse. De modo que Pablo y Bernabé se fueron de la sinagoga y predicaron a los gentiles en otro lugar. Pero eso no satisfizo la envidia de los judíos, quienes *"incitaron a mujeres muy distinguidas y favorables al judaísmo, y a los hombres más prominentes de la ciudad, y provocaron una persecución contra Pablo y Bernabé. Por tanto, los expulsaron de la ciudad"* (v. 50).

- En Iconio, los judíos probaron tácticas similares para desacreditar el evangelio. Pero al no tener éxito, tramaron apedrear a los apóstoles quienes, al enterarse del complot, huyeron a Listra y a Derbe (vea Hechos 14:1-6).

- En Listra, el evangelio tuvo un poderoso efecto hasta que los envidiosos judíos de Antioquia e Iconio llegaron a Listra, pusieron a la gente en contra de ellos y los persuadieron para que los apedrearan (vea Hechos 14:8-20). Pero Dios levantó a Pablo presumiblemente de la muerte.

- En Tesalónica, cuando una gran multitud de gentiles creyó, los judíos se pusieron envidiosos y juntaron una turba para tratar de matarlos (vea Hechos 17:1-10).

- En Berea, tanto los judíos como los gentiles se entregaban al Señor, y todo anduvo bien hasta que los judíos de Tesalónica escucharon del avivamiento en Berea. Llenos de envidia, fueron a Berea, alborotaron la multitud y obligaron a los apóstoles a dejar la ciudad (vea Hechos 17:10-15).

- En Corinto, el Señor bondadosamente impidió que los bandos envidiosos hirvieran. Esto le brindó a Pablo una excepcional puerta de oportunidad; allí permaneció dieciocho meses con un ministerio fructífero. Cuando finalmente –debido a la envidia– los judíos incrédulos intentaron llevar a Pablo a la corte (vea Hechos 18:12), el complot se aclaró y Pablo pudo permanecer en la ciudad por *"un buen tiempo"* (Hechos 18:18).

Todas estas persecuciones motivadas por la envidia eran el resultado directo del avivamiento. Cuando Dios comienza a moverse, los enemigos del evangelio –los cuales a veces están atados a sistemas religiosos tradicionales– encontrarán todas las formas de justificar su envidia, y perseguirán al mover genuino del Espíritu de Dios.

La **envidia** del pueblo de **Dios** es el gran **obstáculo** para el **avivamiento**.

Cuando los enemigos del evangelio tienen envidia y resisten, este es el precio que comúnmente se paga por el Reino. Es parte de la herencia, parte integral de la persecución que Jesús dijo que tendríamos que soportar. Pero no solo los enemigos del evangelio sienten envidia cuando estalla el avivamiento. Cuando Dios visita a su pueblo, a veces las formas más insidiosas de envidia se desarrollan en el corazón de muchos predicadores del evangelio. Estamos listos para que nuestros enemigos resistan y nos envidien; ¡pero no lo estamos para que la envidia provenga de nuestros amigos! Sugiero que el gran problema del avivamiento no surge afuera de la iglesia, sino dentro de ella. La envidia del pueblo de Dios es el gran obstáculo para el avivamiento.

La envidia en la iglesia

¡Aquí está el gran problema! No es tanto la envidia de los segmentos de la seudo-iglesia –grupos liberales/humanistas que tienen apariencia de piedad pero niegan el poder de Dios– lo que impide el avivamiento. Por el contrario, el gran obstáculo histórico para el avivamiento es la envidia que proviene del corazón de los nacidos genuinamente de nuevo, llenos del Espíritu, de los creyentes bíblicos, de los cristianos lavados con sangre, que miran el avivamiento a la distancia y envidian la bendición de Dios en el ministerio de otro hermano.

No digo que la envidia es el *único* obstáculo para el avivamiento, pues realmente hay muchos. Pero si la discordia en el cuerpo de Cristo es uno de los principales impedimentos para el avivamiento, ¿cuál podrá ser la causa principal de esa discordia, sino la envidia? Además, la envidia no es principalmente el problema del común de la gente de nuestras iglesias, sino más bien de los líderes. Si los pastores estuviesen reconciliados, las ovejas gozarían del compañerismo. Cuando el avivamiento llega, no son las ovejas las que envidian lo que pasa, sino los pastores. Los hermanos.

Si los **pastores** estuviesen **reconciliados**,

---

las **ovejas** gozarían de **compañerismo**.

Literalmente, cada siglo de la historia de la iglesia está cargado de explosiones de envidia que hicieron erupción en el pueblo de Dios, cuando los vientos del avivamiento comenzaron a soplar en lugares específicos. Citaré solo un ejemplo. A comienzos del siglo XX Dios usó el ministerio de sanidad de John G. Lake para introducir a muchos en el Reino. Pero donde hay avivamiento, la envidia también está presente. Lo siguiente proviene de una carta de puño y letra de Lake el 15 de diciembre de 1910, durante su ministerio en Sudáfrica:

> "Hoy recibí un mail desde Los Ángeles, California, que contenía cartas escritas por falsos hermanos de allí. Estas cartas fueron enviadas a todo el mundo; me denuncian

de toda clase de maldad e impiedad. También recibí una carta atroz de un tal George Bowie, un hombre que, aparentemente, es o era un obrero cristiano de algún tipo pero al que, al parecer, la envidia y el celo consumen. Esta es la opinión de todos los hermanos estadounidenses con quienes estoy estrechamente asociado y quienes me manifestaron su confianza (...) Jamás supe que existiera tal terrible malicia y envidia como la mostrada por el señor George Cooper, el señor Bowie, Gillis y otros".

Es prudente asumir que los detractores de Lake no se dieron cuenta que estaban motivados por la envidia. Estoy seguro de que estaban convencidos de que su cruzada en contra de su ministerio era justificada y que hacían un noble servicio a Dios. Tal es el poder con que se disfraza la envidia.

La envidia mató a Jesús, y todavía hoy lo está matando.

Recientemente visité Atlanta, Georgia, donde hay más de sesenta iglesias con una asistencia semanal que excede las tres mil personas cada una. Me dijeron que un pastor de Atlanta no predica en la iglesia más grande "a menos que se hayan reunido por lo menos tres mil personas".

Cuando **recibe** un golpe **inesperado** de recursos humanos y **financieros** por causa del mover de **Dios,** todo otro **hermano** en su esfera de ministerio inmediatamente lo **sabe.**

Los que tienen más recursos humanos reciben las bofetadas más grandes, según la cultura de nuestras iglesias. Esta perspectiva de lo que constituye poder y autoridad es el semillero sobre el cual florece la envidia.

Cuando el avivamiento tiene éxito, típicamente comienzan a cosecharse en abundancia dos cosas: gente y dinero. Las multitudes se reúnen y alcanzan números sin precedentes, y junto con la gente llega un fluir de ofrendas, porque los santos ofrecen acciones de gracias a Dios por sus bendiciones. Cuando inesperadamente usted recibe un repentino golpe de suerte, tanto en recursos humanos como financieros, debido al mover de Dios, todos los demás hermanos que tienen su mismo ministerio se enteran inmediatamente. Los que tienen un corazón noble bendicen el avivamiento, pero no hay ni un solo líder que no deba luchar con algún sentimiento de envidia cuando otro hermano es el seleccionado por Dios para traer el avivamiento.

Un ejemplo contemporáneo

Debido al avivamiento que tuvo lugar recientemente en la ciudad donde reside Joe, visité junto con él a un amigo personal, quien residía allí antes que el avivamiento llegara y, aunque personalmente no era miembro de la iglesia en la que ocurrió el avivamiento, pudo observar, desde el principio al fin, el explosivo mover de Dios en un genuino avivamiento. Cuando el avivamiento causó impacto, la noticia se esparció rápidamente en las cuatrocientas iglesias de la ciudad. Los creyentes de la amplia variedad de iglesias de la zona comenzaron a integrarse cuando proliferaron los informes de la actividad de Dios.

Luego sucedió lo inevitable: la gente comenzó a dejar sus iglesias y a pasarse a la iglesia donde tenía lugar el avivamiento. Casi todas las iglesias de la ciudad perdieron a alguien debido al avivamiento. Los pastores se sintieron tristes, heridos o doloridos. Muchos de ellos emitieron juicios aunque, según mi amigo Joe, ni siquiera asistieron a una sola reunión del avivamiento. Algunos se pusieron en contra; pensaban que así la gente dejaría de abandonar sus iglesias. Inevitablemente, cada pastor en la ciudad debió fijar su posición con respecto al avivamiento. En la mayoría de los casos, ese juicio prematuro se mantiene hasta hoy.

El pastor anfitrión del avivamiento hizo todo lo posible para tranquilizar a sus colegas de la comunidad; les aseguró que, tanto él como los miembros de su equipo, hacían todo lo que podían para caminar en integridad. Le aconsejaban a la gente regresar a su iglesia madre y que su diezmo no pertenecía a las reuniones de avivamiento sino a su iglesia de origen. Dieron la bienvenida a pastores de otras iglesias para edificar todas las decisiones registradas de fe por Cristo. En resumen, el pastor anfitrión hizo lo mejor para mostrar que quería que el aviamiento fuese regional y no algo patrocinado por una sola iglesia local. Pero sus mejores esfuerzos no pudieron calmar la envidia.

Los medios locales tomaron una posición tan contraria al avivamiento, que uno casi podía preguntarse si los que escribían en las revistas no estaban directamente influenciados por la envidia de las respectivas iglesias donde adoraban.

¿Qué tiene que hacer Dios?

¡Dios *quiere* enviar un avivamiento a su ciudad! Pero aquí está el problema: No importa qué iglesia o ministerio elija como catalizador del avivamiento, los demás hermanos de la ciudad lucharán con la envidia. Algunos –por ejemplo pastores y líderes– podrán vencerla, crucificando su carne y uniéndose al avivamiento con entusiasmo y energía. Pero muchos en la región no podrán discernir ni tratar su envidia; encontrarán formas de justificar su crítica sobre lo que está pasando y llegarán a la conclusión que no es un avivamiento verdadero. De modo que entonces lo que Dios quería que fuese una bendición para la región, llega a ser causa de contienda y disputa.

Antes de **enviar** el avivamiento,

Dios **tiene** que pesar el **factor**

de **envidia** de la **región**.

Dios muchas veces queda atrapado entre un escollo proverbial y la dureza del lugar. Si no envía el avivamiento, su Reino no penetra en la sociedad y la cosecha final no llega. Pero si lo envía, la erupción de envidia en la iglesia es tan destructiva y contraproducente, para la extensión del Reino, que la bendición del avivamiento se torna una maldición. A causa de la envidia, la casa de la bendición –el avivamiento– llega a ser guarida para *"toda clase de acciones malvadas"* (Santiago 3:16).

Antes de enviar el avivamiento, Dios tiene que pesar el factor de envidia de la región. ¿Cómo respondieron los hermanos –líderes– de la región al trato de Dios en sus corazones con respecto a la envidia? Si abrazaron el arrepentimiento, la humildad y el quebrantamiento sobre las tendencias naturales de su corazón a la comparación y a las ambiciones egoístas, Dios podrá visitar esa región con poder y gloria.

Pero si las sombras disimuladas de la competencia no han sido enfrentadas violentamente con un arrepentimiento radical, Dios detendrá el avivamiento para que la erupción de envidia no traiga una maldición que pese más que cualquier bendición que el avivamiento pueda traer.

Una de las claves para sostener el avivamiento en la región es la unidad dentro de la iglesia en la región. Y uno de los más grandes obstáculos para la unidad es la envidia. Cuando los líderes rechazan llevar la envidia a la cruz y dejarla allí, la bendición de Dios eventualmente se disipa.

Estoy fascinado por el síndrome que observé en cuanto al avivamiento. Cuando Dios desciende y visita la iglesia con avivamiento, la gente viene de otras regiones, otras provincias e incluso de otras naciones para calentarse con el fluir de las bendiciones de Dios. *Todos* vienen al avivamiento, excepto los hermanos de la misma ciudad. Porque la envidia es siempre un problema entre hermanos.

Los apóstoles enfrentaron la prueba, sin darse cuenta que ella decidiría si serían visitados por un avivamiento. La prueba concerniente a elegir un reemplazo para la labor de Judas Iscariote. Las transiciones en el liderazgo son siempre momentos muy sensibles para el reino de la envidia. La elección recayó sobre dos nombres: *"José, llamado Barsabás, apodado el Justo, y Matías"* (Hechos 1:23).

Ahora, la elección de quien sería el apóstol número doce del Cordero no era un problema menor. Las implicancias eran tanto enormes como eternas. Y todas estaban determinadas por el voto al azar. Cuando la suerte cayó sobre Matías, comenzó la gran prueba. ¿Sentiría envidia José o los que lo apreciaban? ¿Permitirían que el favor concedido a Matías llegara a ser ocasión para la discordia y la contienda? Afortunadamente, ni José ni sus amigos le dieron lugar a la envidia. Por el contrario, unieron sus corazones con Matías y todos los demás para los grandes propósitos del Reino.

Y así la Escritura pudo testificar: *"Cuando llegó el día de Pentecostés, estaban todos juntos en el mismo lugar"* (Hechos 2:1). ¡Todos juntos! ¡Cuán hermosa es esta unidad que no ha dado lugar a la envidia amarga ni a la contienda! Seguramente es la clase de unidad que Dios puede honrar, y entonces envía su Espíritu Santo para manifestarse con poder y gloria.

Hay una **generación** que tratará

sin **cesar** el **problema** de la envidia.

Amados, mi corazón clama y anhela un verdadero avivamiento apostólico. ¡Oh, para ver la manifestación del poder y la gloria de Dios en nuestros días! Es para todo lo que vivo. ¡Cuánto ansío ver que se predica la Palabra con autoridad, que la convicción del Espíritu reposa sobre los corazones pecaminosos, que los ojos de los ciegos se abren, que los estadios están repletos de buscadores y el suelo lleno de corazones penitentes que buscan salvación, que las ciudades son sacudidas por Dios! Es la esperanza que las Escrituras nos ponen por delante, antes del regreso de Cristo. Dios enviará un avivamiento del Espíritu de proporciones históricas para recoger la gran cosecha final.

Este es nuestro anhelo, nuestra esperanza, el gran objetivo de nuestras incesantes intercesiones.

Pero el avivamiento tiene un gran enemigo. ¿Puede haber obstáculo más potente que la envidia?

Por el contrario, ¿puede haber una contribución más grande para el avivamiento que la disolución de todas las divisiones provocadas por la envidia? Cuando los hermanos de una comunidad sacan a luz su envidia, la confiesan libremente, se arrepienten y preparan su corazón para celebrar el avance del Reino sin importar a quién elija Dios usar, se convierten así en el blanco principal del avivamiento.

Hay una generación que tratará incesantemente el problema de la envidia. No se esconderá de ella; no la llamará por otro nombre; no la justificará con el celo santo; no permitirá que la vergüenza le impida confesarla. Dirá con simple franqueza: "Tengo problema con la envidia". ¡Señor Jesús, perdóname! Límpiame. Arranca la ambición egoísta de mi corazón que no quiere celebrar el éxito de mi hermano. Dame un corazón limpio, te ruego, oh Dios". La generación que camine en *esta* luz será la que vea el avivamiento.

¿Será esta generación?

¿Y qué hacer para tratar la envidia de nuestro corazón? Para contestar esta gran pregunta dedicamos ahora el resto del presente libro.

Nota

1. *John G. Lake: The Complete Collection of His Life Teachings (La colección completa de sus enseñanzas)*, comp. Roberts Liardon (Tulsa, OK: Albury Publishing, 1999), pp. 97, 99.

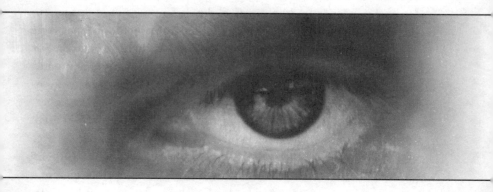

Capítulo 6

La **cruz**: la **muerte** de **la** envidia

dios trató con la envidia en la cruz. Como obra de la carne debe ser traspasada y asesinada. Hemos sido crucificados con Cristo (vea Gálatas 2:20), lo que significa que ahora tenemos el poder para vivir como si la carne estuviese muerta. Y siempre que la carne intenta resucitar, nos consideramos una vez más muertos y vivos para Dios (vea Romanos 6:11). La cruz es la respuesta para todas las obras de la carne. Cuando la carne ha sido crucificada, está muerta para el pecado. Por lo tanto, siempre que nos arrepintamos y abracemos la vida crucificada, "*morimos diariamente*" (1 Corintios 15:31) para que tanto los pecados como la envidia no puedan tener poder sobre nosotros.

No obstante, la cruz también trata con la envidia de otra forma. La cruz de Jesús fue el elemento que le proporcionó a sus hermanos el poder para vencer la envidia. Hasta el día de su crucifixión, los cuatro medio hermanos naturales de Jesús fueron simplemente incapaces de sobreponerse a la envidia y de poner su fe en su hermano mayor. Sus enseñanzas, sus milagros, su estilo de vida, su nacimiento sobrenatural –del que tuvieron conocimiento por su madre– eran todos convincentes, pero nunca pudieron sobreponerse al hecho de que era *su hermano*. La envidia literalmente los apartó de la vida eterna (ver Juan 7:3-8). De modo que la respuesta de Dios fue la cruz.

Hay buenas razones para creer que los hermanos de Jesús estuvieron presentes en la crucifixión. Esta tuvo lugar durante la Pascua, una fiesta en que la asistencia de todos los hombres judíos era obligatoria; y parece muy poco probable que estuviesen en la ciudad y que no hayan estado presentes en la crucifixión. Al contemplar a Jesús en la cruz, todo cambió para ellos. El tormento de su sufrimiento y la dignidad con la que la soportó marcó sus corazones. Vieron un sufrimiento que sobrepasaba todo entendimiento. ¿Cómo podían contemplar a este crucificado que ni siquiera se asemejaba a un hombre por su horror (vea Isaías 52:14), y seguir envidiándolo? Cuando su envidia se desvaneció al pie de la cruz, las germinantes semillas de la fe tuvieron finalmente la oportunidad de crecer en sus corazones.

Cuando vieron su muerte sobrenatural y su cuerpo resucitado, creyeron. Sabemos que por lo menos uno de sus hermanos, Santiago, lo vio en cuerpo resucitado, de acuerdo a 1 Corintios 15:7. La cruz fue el catalizador que dio poder a sus hermanos para vencer la envidia y hacer la transición a la fe, razón por lo que estuvieron presentes en el aposento alto cuando el Espíritu Santo fue derramado sobre los ciento veinte discípulos (vea Hechos 1:13-2:4).

La cruz trató con la envidia de sus hermanos.

Esta es todavía la forma en que Dios trata con la envidia entre hermanos. Él crucifica al hermano que ha elegido para honrarlo.

Le dije: "Señor, si mi hermano me envidia, entonces ¿no tiene que ser *él* quien se crucifique ya que el problema es suyo? El Señor me dijo: "No, voy a tratar con la envidia de tu hermano crucificándote a *ti*". Esta norma se evidencia en toda la Escritura. Permítale darle algunos ejemplos.

Jacob y Esaú

Esaú odiaba a Jacob porque le había robado la bendición de su padre. Esaú estaba muy envidioso, al punto de matar; entonces Jacob fue enviado lejos por su madre para buscar esposa en Jarán. Cuando Jacob volvió a encontrarse con Esaú, veinte años más tarde, llegó con dos esposas, once hijos y una multitud de ganado. Pero Jacob todavía tenía mucho miedo de la envidia de su hermano, de modo que le envió varias dádivas generosas de ganado, que precedieron su presencia.

Veinte años de separación ayudarían a disipar la envidia, y los regalos generosos a ganarse realmente su favor. Pero Dios tomaría medidas adicionales para asegurarse de que la envidia de Esaú fuese tratada. Visitó a Jacob la noche antes que se encontrara con su hermano y le otorgó su propia identificación con la cruz. Le dislocó el músculo de la cadera, hizo que cojeara en forma severa (vea Génesis 32:22-32).

Estoy convencido que fue una experiencia atroz para Jacob, y la cojera se debía, en parte, al dolor que le producía caminar. De modo que cuando avanzaba para encontrarse con su hermano Esaú, era todo un espectáculo porque tenía fresca la herida de la noche anterior. Todavía no sabía cómo adaptar su cuerpo a la marca de Dios en su carne, de modo que rengueaba torpemente al dirigirse hacia su hermano. La vista de este estremecedor hombre cojo fue el elemento final para ayudar a calmar la envidia del corazón de Esaú, para que pudiera recibir a su hermano. La envidia se convirtió en piedad, y los hermanos se reconciliaron.

Pensamos que Dios debe quitar la envidia, debe tratar con el corazón de los que están anclados en ella. Pero, a veces, al tratar la envidia crucifica al envidioso.

José y sus hermanos

José era el favorito de su padre, lo que había provocado la envidia de sus hermanos. Pero cuando le contó a sus hermanos sobre sus sueños –que sus hermanos se inclinarían a él– la envidia de ellos se multiplicó.

Dios trata con la **envidia** entre

---

los **hermanos**; covierte al hermano **elegido**

---

en un **padre** espiritual.

Los hermanos de José no se dieron cuenta que las promesas de Dios para José estaban destinadas, realmente, a beneficiar a *todos* los hermanos. Estaban demasiado perturbados por el hecho de no haber sido elegidos para ser canal de bendición. Cuando tuvieron la oportunidad, casi lo matan, pero luego lo vendieron como esclavo. Sus corazones tenían tanta envidia de José que nada en el mundo –pensaron– ¡los haría inclinarse ante su hermano!

Cuando a José se le dio el trono de Egipto, cuando fue el segundo luego del Faraón, sus hermanos se inclinaron ciertamente ante él, por temor. Pero el ascenso de José en sí no tomaría en cuenta la envidia de ellos. De hecho, el ascenso tenía potencial únicamente para empeorarla.

Por lo tanto, ¿qué haría Dios para tratar con la envidia de los hermanos de José? Su respuesta fue crucificar a José, en forma metafórica. En realidad, esto significó trece años de esclavitud y prisión para José.

Cuando más tarde los hermanos de José se dieron cuenta de la posición que había ganado a tan alto precio, su envidia se disipó y fueron capaces de honrar a su hermano con un espíritu abierto. Lo digo basado en la forma en que respondieron a José después de la muerte de Jacob, su padre (vea Génesis 50:15-21). En lugar de distanciarse de él por envidia, *"se inclinaron delante de él y le dijeron: Aquí nos tienes;*

LA CRUZ: LA MUERTE DE LA ENVIDIA

somos tus esclavos" (Génesis 50:18). Con el camino libre de envidia, pudieron relacionarse con José en forma honorable.

Permítame decirlo de otra manera: Dios trató con la envidia entre hermanos, convirtió al hermano elegido en padre espiritual. El crisol de José no estaba destinado a hacer de él simplemente un hermano, sino un padre. Llegó a ser realmente el padre espiritual de sus hermanos. Cuando José llegó a ser como un padre para sus hermanos, el problema de la envidia fue silenciado, porque los hermanos generalmente no envidian a los padres. El crisol que disipó la envidia de sus hermanos también promovió al elegido a la paternidad espiritual.

Los hermanos de Job

Sabemos que Dios eligió a Job para darle una revelación inusual y más gloriosa del trono de Dios, además de las bendiciones de tener hijos, nietos y posesiones. Tan glorioso privilegio verdaderamente haría que sus hermanos lo envidiaran.

Contamos solo con un pequeño atisbo de la relación de Job con sus hermanos, y se encuentra en la forma en que le respondieron después de su gran prueba: *"Todos sus hermanos y hermanas, y todos los que antes lo habían conocido, fueron a su casa y celebraron con él banquete. Lo animaron y lo consolaron por todas las calamidades que el Señor le había enviado, y cada uno de ellos le dio una moneda de plata y un anillo de oro"* (Job 42:11).

¿No es interesante que después de experimentar un encuentro revelador con la gloria de Dios y una liberación sobrenatural del poder divino al sanarlo que, en lugar de ser envidiado por ellos, Job fuese verdaderamente consolado y alentado con regalos por parte de sus hermanos? ¿Qué pudo haber hecho que sus hermanos se relacionaran con él con tanto afecto, aun cuando sabían que había sido elegido en lugar de ellos para ser privilegiado espiritualmente?

Por supuesto, la respuesta se encuentra en la cruz. Dios crucificó a Job. Bueno, no literalmente; pero él participó verdaderamente de los

83

sufrimientos de Cristo, pues sufrió de acuerdo a la voluntad de Dios. Perdió virtualmente todo: sus hijos, sus posesiones, su salud, sus amigos. Porque Dios lo prensó sus hermanos fueron capaces de relacionarse con él sin envidia.

David y sus hermanos

Se nos dice que Samuel ungió a David como rey de Israel *"en presencia de sus hermanos"* (1 Samuel 16:13). Es tan tentador pensar: "¡Qué mala jugada, Samuel! David ya no tiene oportunidad. Al ungirlo en presencia de sus hermanos, lo has elevado a tales 'decibeles' de envidia que nunca podrá recuperarse. Samuel, ¿no piensas que hubiese sido más sabio ungirlo en forma privada, sin que sus hermanos lo supieran?" Pero Dios determinó estratégicamente que David tuviera que contender con la envidia de sus hermanos.

Y no es difícil ver la envidia de ellos. Cuando David les llevó algunos refrescos al campo de batalla e hizo luego una pregunta sobre Goliat, el gigante filisteo, el hermano mayor estalló por el veneno de la envidia:

> *"Eliab, el hermano mayor de David, lo oyó hablar con los hombres y se puso furioso con él. Le reclamó: '¿Qué has venido a hacer aquí? ¿Con quién has dejado esas pocas ovejas en el desierto? Yo te conozco. Eres un atrevido y mal intencionado. ¡Seguro que has venido para ver la batalla!'"*
> (1 Samuel 17:28).

La expresión de envidia de Eliab para con David en esta ocasión era solo la punta del iceberg. Los otros seis hermanos también tenían sentimientos similares en su corazón. La envidia había producido una amargura muy intensa.

Y solo algunos capítulos después los hermanos de David lo buscaron y se asociaron con él. *"David se fue de Gat y huyó a la cueva de*

Adulán. Cuando sus hermanos y el resto de la familia se enteraron, fueron a verlo allí" (1 Samuel 22:1).

¿Qué produjo un cambio tan dramático en sus corazones con respecto a David? Bueno, para ponerlo en forma simple, fue la crucifixión de David la que cambió las cosas. Cuando Saúl se le puso en contra y trató repetidamente de matarlo, para luego comenzar a perseguirlo alrededor del campo, el corazón de sus hermanos cambió totalmente. Si David hubiese ascendido al trono fácil y rápidamente, ellos no hubiesen podido controlar la envidia. Pero Dios lo llevó a través de tal tortuosa senda de agonía, que la envidia de ellos se disipó y fueron capaces de asociarse con su hermano a quien Dios había elegido en forma soberana.

El modelo de la Escritura es muy asombroso: Dios trata con la envidia de los hermanos crucificando a su elegido.

Los dos reinos

Después del reinado de Salomón, la nación de Israel se dividió en dos. Israel, el reino del norte, tenía su sede eventualmente en Samaria; el del sur –Judá– tenía su base en Jerusalén, la ciudad capital. Durante muchas generaciones hubo dos reyes en Israel, uno en el norte y otro en el sur. Y como resultado, había una continua rivalidad entre ambos.

El reino del norte estaba especialmente envidioso de Judá, el reino del sur, porque al tener a Jerusalén dentro de su dominio, poseía el pináculo del Templo y, por lo tanto, el sacerdocio, los sacrificios, el Arca del Pacto y la "sonrisa" de Dios. La rivalidad continuó de generación en generación, hasta que fue obvio que las dos naciones nunca iban a unirse por su propia voluntad.

Pero Dios necesitaba que se unieran. Era esencial, en su sabiduría y consejo, que la nación no estuviese dividida cuando su Hijo, el Mesías, viniese a establecer el reino de Dios en la Tierra. Algo tenía que hacer para que las dos llegaran a ser una. ¿Cuál fue la solución de

Dios? Bien, una crucifixión de todo tipo. Nos referimos a ella como la cautividad o el exilio.

La **envidia** es el **problema**

en el **tiempo** de paz.

La respuesta de Dios fue enviar a su pueblo a Babilonia para estar setenta años cautivos en tierra extranjera. Usó a Nabucodonosor para poner en vigencia la cautividad; sus fuerzas invadieron Judá y llevaron al pueblo de Dios hacia el moderno Irak actual.

Isaías fue quien profetizó acerca del propósito de Dios de usar la cautividad para hacer de las dos naciones una sola:

> *"Desaparecerán los celos de Efraín; los opresores de Judá*
> *serán aniquilados. Efraín no tendrá más celo de Judá, ni*
> *oprimirá Judá a Efraín. Juntos se lanzarán hacia el oeste,*
> *contra las laderas de los filisteos; juntos saquearán a los*
> *pueblos del este, dejarán sentir su poder sobre Edom y*
> *Moab, y se les someterán los amonitas"* (Isaías 11:13-14).

El pasaje habla de cómo los dos reinos se "envidiaban" y se "hostigaban". La competencia entre las tribus era poderosa. Pero si todavía hubiese existido esta dinámica en el pueblo del pacto de Dios, cuando Jesús vino a la Tierra, su ministerio hubiese sido obstaculizado en gran manera. De modo que Dios trató con ella. Nada trata con más profundidad estos problemas que una extensa esclavitud en tierra extranjera.

La envidia es el problema del tiempo de paz. En los tiempos de persecución, desaparece. La persecución posee la forma de transformar a los santos en un todo cohesivo contra su enemigo común. Por lo tanto, la persecución será una de las principales formas de tratar con la envidia en la iglesia de los últimos días.

La cautividad fue un período sumamente doloroso en la historia de Israel. Pero fue usada estratégicamente por Dios para quitar la envidia y la competencia de modo que, al final, la nación volviese a ser una entidad unificada. Y la nación de Israel no volvió a dividirse desde entonces.

La espina de Pablo

Pablo tuvo algunos encuentros con Dios que podían causar potencialmente que otros envidiaran su experiencia. Pero Dios tenía una forma de tratar con eso, la que veremos en un momento. Él protege el poder con problemas. Es decir, cuando Él otorga poder espiritual a un vaso, protege la investidura de ese vaso, lo mantiene humilde y dependiente por medio de la resistencia y la carencia.

Aquí está el pasaje donde Pablo se refiere a una de sus experiencias extáticas:

> *"Conozco a un seguidor de Cristo que hace catorce años fue llevado al tercer cielo (no sé si en el cuerpo o fuera del cuerpo; Dios lo sabe). Y sé que este hombre (no sé si en el cuerpo o aparte del cuerpo; Dios lo sabe) fue llevado al paraíso y escuchó cosas indecibles que a los humanos no se nos permite expresar. De tal hombre podría hacer alarde; pero de mí no haré alarde sino de mis debilidades. Sin embargo, no sería insensato si decidiera jactarme, porque estaría diciendo la verdad. Pero no lo hago, para que nadie suponga que soy más de lo que aparento o de lo que digo. Para evitar que me volviera presumido por estas sublimes revelaciones, una espina me fue clavada en el cuerpo, es decir, un mensajero de Satanás, para que me atormentara"*
> (2 Corintios 12:2-7).

Las experiencias extáticas y las revelaciones de Pablo eran tan poderosas que Dios decidió equilibrarlas con una "espina en la carne", para que no se "volviera presumido". Cuando a alguien se le han concedido encuentros inusuales con Dios, la tendencia de los demás creyentes es estimarlo más de lo debido. Una vez exaltado de esa manera entre los creyentes, ese santo se vuelve el blanco de la envidia de los que desean la misma clase de experiencias.

Típicamente no miramos que el **vaso**

está **quebrantado** y es **flexible**,

y lo **envidiamo**s.

De modo que el Señor básicamente dijo: "Pablo, tengo que tratar con la potencial envidia de otros cuando te observen. De modo que te llamo a la cruz. El sufrimiento te guardará de ser envidiado por otros".

La espina en la carne de Pablo fue participar de los sufrimientos de Cristo. Era un sufrimiento de acuerdo a la voluntad de Dios para que fuese recibido como siervo del Señor, antes que envidiado como uno de los favoritos de Dios. Típicamente no miramos que el vaso está quebrantado y es flexible, y lo envidiamos. Una vez más, Dios trata con el problema de la envidia clavando a su elegido en la cruz.

Envidiando la libertad de otro

Relaté los temas de este capítulo personalmente, debido al profundo sufrimiento por el que tuve que pasar. Permítame cerrarlo siendo honesto con respecto a mis luchas con la envidia, pero para hacerlo probablemente debo contarle un poco mi historia.

En 1992, mientras servía como pastor de una iglesia local en Nueva York septentrional, sufrí una lesión vocal que dejó mi voz extremadamente débil y me producía un muy fuerte dolor cuando hablaba. Si no hablaba, mi dolor era menor; pero tan pronto como comprometía mis cuerdas vocales, aumentaba también el dolor. Y cuanto más usaba mi voz, más se dañaba y más débil me sentía. Espero fervientemente en el Señor para la sanidad pero, como ejemplo para este escrito, todavía no puedo cantar. Desde entonces he tenido que resignar el pastorado, y ahora ministro en forma limitada: hablo en conferencias y en iglesias que pueden adecuar mis presentes restricciones.

El dolor emocional, mental y teológico de mi jornada a partir de la lesión ha sido increíblemente intenso. ¿Cómo pudo Dios permitir que algo tan devastador me sucediese en mi mejor momento, cuando mi vida estaba totalmente dedicada a servirle? La incapacidad fue traumática, y encontrar a Dios en medio de esto ha sido la gran búsqueda de mi vida. En medio de las tinieblas, escribí una serie de libros que reflejan mi peregrinación personal en Dios. Este libro es uno más en ese continuo viaje.

Antes de la lesión, cuando era joven, enérgico y completo, supongo que alguien podía haber mirado mis fuerzas y habilidades, y sentirse tentado a envidiarme un poco. Pero después de esta afección, todo eso cambió. En lugar de tener la posibilidad de envidiarme, ahora deben más bien compadecerse de mí. Ahora soy como un hombre encadenado, encarcelado y que está impedido a cada paso. No puedo hacer las cosas que deseo hacer y debo funcionar con las limitaciones que me impone mi afección física. Las promesas de Dios de liberación son claras; pero hasta que el momento de la liberación llegue, las cadenas son demasiado reales.

Las cadenas de mi prisión han sido la oportunidad para que una clase de envidia totalmente distinta aflorara en mi alma, un tipo de envidia que nunca había experimentado antes de la lesión. Ahora, debido a mis niveles de dolor emocional y físico, me siento como alguien que fue crucificado. He destinado mi corazón a regocijarse en la medida que mis sufrimientos me hagan participar de los sufrimientos de Cristo (vea 1 Pedro 4:13), pero sin negar el hecho de que la crucifixión es intensivamente dolorosa. Ahora el problema de la envidia ha tomado un cariz totalmente nuevo para mí. Como ve, descubrí que el hermano que está crucificado también debe tratar con la envidia de su propio corazón.

Así es cómo me golpea el problema de la envidia en mi presente afección. Mientras soy oprimido por el Señor, he sido tentado a mirar la libertad y el gozo de los que están aparentemente exentos de la mano disciplinaria de Dios, y a envidiar su libertad. Observo a otros que parecen correr y saltar con gran libertad y gozo delante del Señor, mientras yo estoy sentado en los confines de mi celada y me irrito con las cadenas que impiden mi movimiento. Me doy cuenta que la Escritura me dice: *"No te irrites ante el éxito de otros"* (Salmo 37:7). Y también me doy cuenta que me dice: *"Yo reprendo y disciplino a todos los que amo"* (Apocalipsis 3:19). De modo que conozco que la mano castigadora de Dios en mi vida demuestra su amor por mí y ciertamente experimento esa realidad.

Pero cuando uno es el único que pasa por el fuego, es aún desafiante en extremo tratar de regocijarse con otros que parecen no estar experimentando para nada el fuego purificador de Dios sino que, por el contrario, tienen abundancia de fuerza, bendición y victoria.

Si se está en invierno, sabemos que hace frío, es seco, árido y sombrío. Dios lo ha encerrado y rodeado. Y entonces usted mira al hermano que está en un verano espiritual. Salta libremente, juguetea a la luz solar del favor de Dios. Lo mira y se preguntan cuál es su error. En ese momento de reproche, es extremadamente tentador el envidiar las bendiciones del hermano. "Señor, ¿por qué mi hermano no experimenta en lo más mínimo la poda que yo experimento? Sé que él me miraría de distinta forma si estuviese probando tan siquiera una gota de la copa que estoy bebiendo. No te pido que lo diezmes, pero ¿no podrías nivelar el campo de juego un poquito?"

Se me debe recordar continuamente no mirar el camino que Dios ha trazado para mi hermano. Si lo hago, afloran en mi alma toda clase de carnalidades. De modo que recuerdo las palabras que Jesús le dijo a Pedro con respecto a Juan: *"Si quiero que él permanezca vivo hasta que yo vuelva, ¿a ti qué? Tú sígueme no más"* (Juan 21:22). En otras palabras, "el camino que he elegido para tu hermano no es negocio tuyo. Ten presente que debes ocuparte de seguirme".

Seguir a Jesús es en sí mismo un trabajo de tiempo completo, que requiere un enfoque indivisible. Si me dedico a seguir a Jesús, no voy a luchar mucho con la envidia, porque no compararé mi sendero con el de nadie. Aunque puedo pelear por momentos con mi suerte en la vida, un día entenderé por completo la sabiduría del trayecto que Dios ha puesto delante de mis pies.

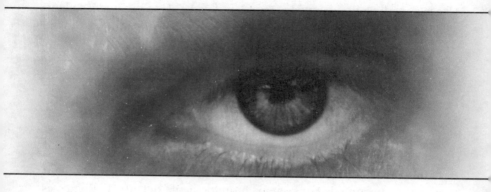

Capítulo 7

Percibiendo la "medida de gracia"

nteriormente dijimos que Dios trata con la envidia llevando a su vaso elegido por un sendero tan torturador que la envidia de los hermanos se transforma en piedad. A pesar de que es cierto, no aborda el tema de nuestra responsabilidad personal en tratar con la envidia de nuestro propio corazón cuando la descubrimos. Miremos algunos principios que nos ayudarán a luchar en las zonas en guerra de nuestro corazón, de modo que podamos agradar a nuestro amado Salvador, el cual dio su vida por nosotros.

La envidia, definitivamente, es responsabilidad nuestra delante del Dios. Debemos tratarla en forma eficaz e inmediata. Ya que permanece oculta, a veces puede operar en nuestro corazón durante meses e incluso años, sin que ni siquiera nos demos cuenta. Pero el Señor tiene sus formas de hacer aflorar las impurezas, de modo que podamos verlas. Cuando Él enciende su fuego en nuestra vida, las impurezas salen a la superficie donde pueden ser identificadas. Una vez que las identifiquemos, es crucial que nos arrepintamos y negociemos con Dios.

La **acción** más efectiva al **tratar** con la envidia

es **admitir** simplemente su **presencia**.

La acción más efectiva al tratar con la envidia es admitir simplemente su presencia. Cuando sacamos a luz nuestros pecados se desata un poder muy grande. Una vez que Dios nos muestra la envidia de nuestro corazón y la confesamos humildemente delante de Él, nos estamos apartando de la maldad tal como nos indica 2 Timoteo 2:19. Nuestra fidelidad al tratar con problemas tales como la envidia, una vez que afloran por medio de los tratos ardientes de Dios, nos da poder para ser *"vasos de oro y de plata"* (2 Timoteo 2:20) que se purifican mediante un verdadero arrepentimiento. Cuando nos limpiamos de nuestras iniquidades de este modo, llegamos a ser *"un vaso noble, santificado, útil para el Señor y preparado para toda buena obra"* (2 Timoteo 2:21).

El proceso de destete

El Salmo 131 señala una dinámica que es muy relevante para nuestra consideración:

"Señor, mi corazón no es orgulloso, ni son altivos mis ojos;
no busco grandezas desmedidas, ni proezas que excedan a
mis fuerzas. Todo lo contrario: he colmado y aquietado mis
ansias. Soy como un niño recién amamantado en el regazo
de su madre. ¡Mi alma es como un niño recién
amamantado!" (Salmo 131:1-2).

David en este Salmo trata con el problema de la ambición, que es el semillero de la envidia. La envidia tiene lugar cuando, después de fijar nuestro corazón u ojo en una meta elevada, uno de nuestros hermanos se mueve hacia esa meta con más rapidez que nosotros. El problema no es solo que nuestro hermano haya logrado una posición más elevada, sino también que hemos aspirado a cosas elevadas cuando deberíamos contentarnos con lo que tenemos (vea 1 Timoteo 6:6-8). Es realmente correcto fijar nuestro corazón en el alto llamamiento de Dios en Cristo (vea Filipenses 3:14), pero hay alturas "elevadas" y "altaneras" que están más allá de lo que debemos desear. Una vez que comenzamos a aspirar a "cosas demasiado profundas", no podemos vivir en paz con nuestros logros actuales. Cuando la ambición nos motiva de este modo, nos volvemos blancos fáciles de la envidia, cuando vemos a algún otro que logra aquello que aspiramos.

El deseo de grandeza es como los anhelos infantiles del niño que quiere la leche de su madre. Los anhelos son reales, pero aun cuando sean satisfechos, su nivel de maduración seguirá siendo el infantil.

A fin de garantizar al niño el alimento sólido que resulte más nutritivo y energizante, la madre aparta al bebé de su dependencia infantil en la leche. El destete involucra sacarle al niño lo que desea. Esto produce gran ansiedad en el niño, que protesta y tiene ataques de mal humor. No obstante, el niño se cansa finalmente y recapacita con reacia aceptación el hecho que ninguna cantidad de gritos le va a proporcionar lo que desea. Por razones que están fuera de su control, la madre le quita el objeto deseado.

Una vez que se ha completado el destete, el niño puede recobrar el comportamiento calmo, sereno, incluso satisfactorio. ¿Por qué? Porque por medio del proceso de destete sus apetitos han sido cambiados. Al quitarle la leche de madre, el niño ya no desea lo que alguna vez deseó. El principio operativo del destete es: la negación cambia la apetencia. Al destetarnos, Dios nos niega lo que deseamos, a fin de cambiar nuestros deseos.

El niño destetado es aquel que ha permitido a sus padres moldear sus apetencias.

Cuando nuestro corazón está puesto en altos deseos ambiciosos demasiado profundos para nosotros, Dios nos niega exactamente las cosas que deseamos. Al principio nos sentimos frustrados porque estamos convencidos que nuestras elevadas aspiraciones son parte de la visión dada por Dios para la que hemos sido llamados. Nuestra frustración se vuelve ira y luego aflicción. A lo largo de todo el proceso, si otro hermano logra lo que deseamos, la envidia se agazapa en nuestra puerta. No obstante, si la negación del Señor se prolonga lo suficiente, finalmente dejaremos de implorar las cosas que alguna vez deseamos. Una vez que nuestro corazón se afirma en la ración que Dios nos da, se dice que hemos sido destetados.

Al **destetarnos**, Dios nos **niega**

---

lo que **deseamos** a fin de

---

cambiar **nuestros** deseos.

Dios se halla retratado en el Salmo 131 como una madre de lactancia amorosa. El cuidado maternal de Dios para con sus hijos es preciso y real. El Señor nos desteta con ternura y profundo afecto.

El destete es un proceso que se da en etapas. Primero se le quita al niño el pecho de su madre, luego el biberón y después, a veces, el apaciguador –el chupete– o el "disparador". Esto también puede repetirse a lo largo de nuestra vida mientras Dios trata con distintos problemas. Él ahora nos aparta de una cosa; el próximo año de otra. La envidia producida por la ambición es solo uno de los muchos deseos carnales infantiles de los cuales Dios nos desteta, nos aparta.

Aunque sucedió hace dieciocho años, todavía recuerdo cuando destetamos a nuestro primer hijo. Joel amaba la lactancia, ¡pero lo que *realmente* amó fue su biberón! Fue muy fácil quitarle el amamantamiento, pero desprenderlo del biberón fue algo completamente distinto. Cuando le negamos el biberón, su primera respuesta fue la ira. Pero cuando, con el tiempo, se dio cuenta finalmente que el biberón no se le volvería a dar, sus alaridos se volvieron lloriqueo y comenzó a quejarse arrancando sollozos al corazón. Recuerdo que Marci y yo estuvimos al borde de las lágrimas de solo verlo dolerse por la pérdida de su biberón. ¡Fue traumático para toda la familia! Nuestro corazón se dolía por cumplir su deseo pero, no obstante, rehusamos dárselo, porque lo amábamos. Tal es el cariño de nuestro Padre celestial por nosotros durante nuestro proceso de destete.

El Señor me ha apartado de las áreas ministeriales valederas, y he derramado muchas lágrimas por ellas. Pero en los momentos en que mi perspectiva espiritual se eleva, puedo ver que su bondad me ha apartado de las responsabilidades del ministerio que hubieran limitado a una función más inmadura o parroquial. Por medio del destete, me ayuda a adaptar mis deseos de modo que pueda alcanzar un mayor nivel de madurez. Mi oración es que madure hasta el punto de no desear más lo que Él ha elegido darle a otro y estar satisfecho buscando todo lo que Cristo ha destinado para mi vida.

Note que David escribió: *"Como un niño recién amamantado en el regazo de su madre"*. El proceso de destete está intrínsecamente incluido en la relación del niño con su madre. Es la seguridad del amor de su madre lo que ayuda al niño a procesar lo que sucede. Lo que persuade al bebé es la conexión con su madre.

Cuando Dios nos desprende de nuestras agendas personales, nos niega lo que queremos pero, al mismo tiempo, nos aprieta contra su pecho. Aunque parece que estuviese actuando como adversario, su cercanía es increíblemente dulce y segura. De hecho, usa el proceso de destete para demostrar aún más su amor por nosotros. De este modo, mediante la calidez de su amor, nos da poder para vencer la envidia producida por la ambición de nuestro corazón y llegar a descansar en su amor.

La envidia en el ámbito de la iglesia local

Lo primero que podemos hacer para combatir la envidia de nuestro corazón es permitir que Dios moldee nuestros deseos por medio del proceso de destete. En segundo lugar, podemos buscar la grandeza del amor de Cristo. Está escrito: *"El amor no es envidioso"* (1 Corintios 13:4). De modo que el mayor obstáculo para la envidia es el amor. Cuando somos perfeccionados en el amor, ya no nos envidiamos.

Pablo también escribió: *"Si uno de los miembros sufre, los demás comparten su sufrimiento; y si uno de ellos recibe honor, los demás se alegran con él"* (1 Corintios 12:26).

La **solución** más **grande** al problema

de **la** envidia es el **amor.**

Si alguien en nuestra iglesia local está sufriendo, es comparativamente fácil permanecer a su lado y sufrir, llorar con él y consolarlo. Pero *"si alguno recibe honor"*, bueno, eso es una historia distinta. Si el pastor honra a otro miembro y no lo honra a usted, ¡cielos!, es sorprendente cómo repentinamente puede aparecer la envidia. La envidia no es probada cuando otro miembro sufre, sino cuando él o ella recibe honra. ¿Puedo *"regocijarme con"* el miembro que es honrado? ¿Puedo regocijarme cuando la iglesia que está en la misma calle prospera? Cuándo envidio a otro miembro del cuerpo, es porque mi amor no es perfecto ni completo. Los que aman no envidian.

En la Escritura se nos exhorta: *"Empéñense en seguir el amor y ambicionen los dones espirituales, sobre todo el de profecía"* (1 Corintios 14:1). Es correcto desear ser usado por Dios, pero a veces lo transformamos en deseo de obtener una plataforma para el ministerio público. Comenzamos a desear una posición. Luego, cuando algún otro logra la posición o el reconocimiento que deseamos, perdemos nuestro amor y recurrimos a la envidia. Cuando envidiamos el lugar de otro, perdemos la perspectiva de la forma maravillosa en que el Señor nos usa. Si nos ocupáramos solo de la gran cosecha de Dios, esa labor posee la forma de equilibrar muchas cosas en nuestra alma.

Cuando el calor de la siega es fuerte, no nos importa cuánto ha cosechado otro; ¡simplemente nos regocijamos de no tener que levantar solos toda la cosecha! La transición de una mentalidad de plataforma a una de cosecha es vital. En la cosecha, ministramos a la vista de Dios únicamente. Cuando aprendamos el secreto de vivir para tener únicamente la audiencia de Uno, la envidia no será más un problema.

Cuando **aprendamos** el secreto de

vivir para tener **únicamente** la audiencia de **Uno**,

la envidia **no será** más un **problema**.

Aquellos que ministran para la esposa de Cristo se dice que son "uno": *"El que siembra y el que riega están al mismo nivel, aunque <u>cada uno</u> será recompensado según su propio trabajo"* (1 Corintios 3:8, lo subrayado es un agregado). El que siembra y el que riega en el mismo terreno –la iglesia local– no compiten entre sí. Están en el mismo equipo, trabajan para el mismo fin y, por lo tanto, se dice que son uno. Apóstoles, profetas, evangelistas, pastores, maestros, los que administran, los que animan, los que sirven, todos son uno. Su éxito es el mío. Si hay competencia entre los ministros, es porque hemos olvidado que debemos unirnos. La competencia en el ministerio inmoviliza e incapacita el avance del Reino en nuestro medio, porque el cuerpo trabaja en contra de sí mismo.

Podemos aprender la lección de criaturas muy humildes de la Biblia. *"Cuatro cosas hay pequeñas en el mundo, pero son más sabias que los sabios"* (Proverbios 30:24). Las cuatro criaturas citadas son: la hormiga, los conejos, la langosta y la araña. Observe lo que dice sobre la langosta: *"Las langostas, que no tienen rey, pero que avanzan en formación perfecta"* (v. 27). Se estima que la langosta es "extremadamente sabia" a causa de su habilidad para unirse con un propósito común. En otras palabras, son extremadamente sabias porque no hay envidia en sus filas. ¡Ah, qué sabiduría!

La **competencia** en el ministerio **inmoviliza**

e **incapacita** el avance del **Reino**

en nuestro medio, **porque** el cuerpo **trabaja**

en c**ontra** de sí **mismo**.

Están juntas no porque son conducidas por el magnetismo de un líder fundamental, sino porque están galvanizadas por la visión comunitaria. Están juntas para honrarse entre sí. Que podamos ser lo suficientemente sabios en esta hora crítica como para dejar de lado toda envidia, competencia y ambición personal, para ejercer la gracia espiritual de darnos preferencia en amor. ¡Formemos fila con nuestros hermanos y hermanas y avancemos juntos para lograr la cosecha!

El Salmo 16:3 contiene una de las declaraciones más hermosas de la Escritura: *"Para los santos que están en la tierra, y para los íntegros, es toda mi complacencia"* (versión Reina Valera Revisada). Cuando algún otro en mi comunidad de creyentes se distingue en cualquier logro, que mi instintiva repuesta sea hacer de él o de ella el objeto de *"toda mi complacencia"*. Cuando nos miramos de esta forma, el cuerpo de Cristo se edifica en amor, crece en la cabeza, que es Cristo (vea Efesios 4:13-16).

La envidia en el ámbito de las iglesias locales

Mientras que la envidia es un serio problema dentro de la iglesia local, es aún más serio entre las iglesias locales. Tal como hemos dicho, se da a menudo entre hermanos –líderes, tanto hombres como mujeres– de esas iglesias.

No conozco un solo líder que se goce al admitir que lucha con la envidia contra sus colegas. La envidia, la competencia, la ambición, nada es rechazado y repudiado más apasionadamente por los líderes ministeriales. Y a pesar de todas las negaciones, las tramas mortales de la envidia continúan tejiendo su diabólica obra en toda la iglesia de Jesucristo, producen sospecha, desconfianza y separación. De modo que mientras nada resulta más doloroso que hablar de la envidia, la urgencia que sentimos por reclamar la unidad del cuerpo de Cristo nos obliga a enfrentar el problema con honestidad.

A menudo el pequeño dejo de dolor por el éxito de otra iglesia o ministerio es tan insignificante y pasajero, que ni siquiera nos damos cuenta de su presencia. Pero con respecto a la envidia, un principio resulta particularmente cierto: *"Un poco de levadura fermenta toda la masa"* (Gálatas 5:9). Solo se necesita el más leve, casi imperceptible grado de envidia para manchar totalmente nuestra alma.

Jesús **estableció** su **Reino** de tal manera

que si en el **corazón** hay envidia, es **casi** seguro

que **encontrará** la ocasión **para** manifestarse.

Ahora voy a profundizar en lo que es probablemente el tema más tierno y sensible de todo el libro: la forma en que Dios le ha conferido distintos grados de efectividad ministerial e influencia a sus líderes del cuerpo de Cristo. Al ungir a sus líderes en forma imparcial, Dios ha aparejado las cosas para que la envidia tenga oportunidad de manifestarse fácilmente en nuestro corazón. Él no nos permite simplemente escondernos de ella.

También he observado con cierta fascinación la forma en que David se rodeó de hombres a quienes les otorgó distintos grados de reconocimiento, autoridad y recompensa. Debajo de David estaba Joab, capitán del ejército; debajo de Joab tres hombres poderosos; debajo de los tres hombres poderosos había un segundo grupo de tres poderosos de menor importancia; debajo de ellos otro grupo de treinta hombres poderosos, y debajo estos últimos estaban todos los soldados valientes de las filas de David.

Pienso: "Señor, ¿está clase de múltiples rangos no es una forma mortal de garantizar que la envidia se filtrara en todo el ejército?" La respuesta parece ser que Dios está lejos de ser prudente al darnos oportunidad para envidiar. De hecho, Él estableció su Reino de tal manera que si en el corazón hay envidia, es casi seguro que encontrará la ocasión de manifestarse. Aquel que ha dado distintos niveles de gracia a los distintos miembros del cuerpo, parece no tener ninguna duda en decir: "Este puede desempeñarse en este campo de acción, y aquel otro puede servir en aquel otro".

Dios, inexcusablemente, ha dado distintas medidas de gracia a los miembros del cuerpo y luego nos llama a honrarnos unos a otros al unirnos para una causa común. Si obramos en la carne y comenzamos a comparar y a envidiar, Él nos llama a arrepentirnos y a demostrar los frutos del arrepentimiento.

Parece que Jesús hizo algo similar con los discípulos. De entre la multitud, envió a setenta; de entre los setenta, doce que fueron llamados a seguirle doquier; de los doce, tres fueron elegidos para acompañar a Jesús en sus más grandes demostraciones de poder y gloria; y de los tres, a uno se lo llamó *"el discípulo a quien él amaba"* (Juan 19:26). Pareciera que la forma en que Jesús premiaba la fidelidad y el amor era eligiendo en un grupo grande a uno reducido para concederle una comprensión y experiencias especiales. Pero tales recompensas siempre corrían el riesgo de inducir a la envidia a los inmaduros que no fueran elegidos para formar parte de este pequeño grupo selecto. Jesús parece haber diseñado su Reino de tal manera que le concedió a la envidia la máxima oportunidad para salir a la superficie, de modo que podamos tratarla.

Mi observación es que los hombres poderosos de David encuentran su semejanza contemporánea en los pastores o líderes experimentados de las iglesias y ministerios afines. No hay cuestionamientos en cuanto a que Dios ha concedido a sus líderes distintos grados de gracia y diferentes áreas de influencia. Todo el problema de la envidia aparece cuando los líderes comienzan a comparar su gracia y su influencia con la de otros. Cuando los hombres poderosos en Dios se juntan, surge la gran pregunta sobre si deben o no reconocer y honrar la medida de gracia que reposa sobre cada uno.

Para entender el término "medida de gracia", necesitamos comprender las dos definiciones de "gracia" según el Nuevo Testamento. Primero, "gracia" se define a menudo como "favor inmerecido". En este sentido, la palabra gracia se usa para describir la bondad de Dios al concedernos la salvación por fe, totalmente independiente de nuestras obras o esfuerzo personal (vea Efesios 2:8 como ejemplo). También se la denomina "gracia salvadora".

No obstante, el segundo significado bíblico de "gracia" también es común y se refiere a la capacitación de Dios por medio del Espíritu Santo, la que le proporciona al creyente el poder para hacer la voluntad divina. Esta "gracia que da poder" es la que Pablo tenía en mente cuando escribió: *"Pero por la gracia de Dios soy lo que soy, y la gracia que él me concedió no fue infructuosa. Al contrario, he trabajado con más tesón que todos ellos, aunque no yo sino la gracia de Dios que está conmigo"* (1 Corintios 15:10). Es a este segundo aspecto de la gracia –a este poder capacitador– al que nos referimos en este capítulo cuando hablamos de "la medida de gracia".

Distintas medidas de gracia

Cuando un grupo de pastores de una región se junta para tener comunión, una sorprendente variedad de dinámicas interrelacionales estallan en todo el ambiente, y todas lo hacen al mismo tiempo. Todos analizan al otro. Mientras algunos están exentos de lo que estoy a punto de describir, otros no. Aunque los pastores raramente son directos al hacer preguntas, lo que realmente quieren saber del otro es: ¿cuántas personas asisten a su iglesia ahora, y qué impacto tiene su ministerio?

Las respuestas a estos interrogantes y a otros ayudan a los líderes en la sala a determinar quién tiene más o menos peso en la iglesia mundial.

Espero que no piense que soy cínico. Simplemente soy honesto acerca de lo que el Señor me ha mostrado sobre mi propio corazón, y no pienso que soy el único que se ha relacionado con otros creyentes de esta manera. El Señor trató muy enfáticamente conmigo sobre la forma de considerar a mis colegas pastores como "iguales", "debajo" o "por encima" de mí según lo que yo percibiera. Cuando me di cuenta que actuaba en forma subconsciente dentro del alma, tuve que arrepentirme muy seriamente delante del Señor.

Todos lo sabemos, pero dejemos que esta verdad sirva para los fines de este libro: no hay un orden cuantitativo en el reino de Dios. No hay personas que tengan mayor o menor valor. Todos, como hijos de Dios, tenemos igual valor y mérito ante el trono. Nuestro Amado nos ama y aprecia a todos de igual manera. Punto.

No obstante, ciertamente hay distintos grados de gracia en nuestra vida. Algunos tienen más gracia divina que otros. No me pregunte por qué; pregúnteselo a Dios. Él simplemente ha elegido derramar distintas medidas de gracia sobre sus líderes. A su Hijo, Jesucristo, le dio la unción del Espíritu sin medida: *"El enviado de Dios comunica el mensaje divino, pues Dios mismo le da su Espíritu sin restricción"* (Juan 3:34). El resto de nosotros recibe la unción con medida: *"Pero a cada uno de nosotros se nos ha dado la gracia en la medida en que Cristo ha repartido los dones"* (Efesios 4:7).

Percibiendo la gracia en otro

Si vamos a vencer la envidia entre los que lideran el cuerpo de Cristo, una de las cosas que debemos aprender es cómo percibir correctamente la gracia de Dios que reposa sobre otro ministro del evangelio.

Pablo apuntó a está dinámica cuando escribió sobre su relación con los apóstoles de Jerusalén. Cuando se encontraron por primera vez, los apóstoles escudriñaron a Pablo y evaluaron lo genuino de su conversión y llamado. Pablo escribió sobre este encuentro diciendo:

"En efecto, Jacobo, Pedro y Juan, que eran considerados columnas, al reconocer la gracia que yo había recibido, nos dieron la mano a Bernabé y a mí en señal de compañerismo, de modo que nosotros fuéramos a los gentiles y ellos a los judíos" (Gálatas 2:9). Santiago, Pedro y Juan pasaron un tiempo considerable con Pablo, de modo que pudieron percibir la gracia que estaba sobre su vida.

Cuando estuvieron con él, sus corazones ardieron con el mismo fuego que estaba en el corazón de Pablo y pudieron discernir lo genuino de la gracia que Dios le había otorgado. Una vez que la percibieron, le tendieron la mano derecha en señal de compañerismo y lo liberaron para obrar en su esfera de influencia. El compañerismo –o darle la mano derecha en señal de compañerismo– entre los apóstoles surgió del reconocimiento de la gracia que cada uno había recibido.

En cierta oportunidad le pregunté a un amigo personal, que era pastor de una gran iglesia en Europa, sobre la dinámica de la unidad entre las iglesias de su ciudad. Como sucede frecuentemente cuando hago esa clase de pregunta en mis viajes, su respuesta no fue muy alentadora. Una de las dinámicas interesantes de este ministerio entonces era que Dios había levantado esa iglesia demasiado rápido en la ciudad, y pronto llegó a ser la iglesia evangélica más grande allí. Todas las demás iglesias con énfasis y estilo similares eran sustancialmente más pequeñas, lo que, a su vez, encendió la envidia en el corazón de los otros pastores del lugar. De modo que el espíritu que había entre los hermanos de la ciudad no se aproximaba para nada al de unidad.

Mientras hablábamos al respecto, mi amigo elaboró algo fascinante. Dijo: "Para que haya unidad entre los líderes de la ciudad, deben estar dispuestos a reconocer la gracia que Dios le ha dado a cada uno. Pero eso no es suficiente. Deben también estar dispuestos a reconocer la *medida* de gracia que Dios les ha dado".

Los apóstoles no percibieron simplemente la gracia en la vida de Pablo; percibieron *la medida de gracia* que había en su vida. Cuando vieron la medida de gracia dada a Pablo, no tuvieron problema en reconocerlo como hermano, tenderle la mano derecha en señal de compañerismo y liberarlo para cumplir con su llamado a los gentiles. En otras palabras, fue el reconocimiento de la medida de gracia sobre su vida lo que les dio poder para caminar en unidad.

La medida de gracia en la vida de alguien es determinada, en forma soberana, por Dios. *"Nadie puede recibir nada a menos que Dios se lo conceda"* (Juan 3:27). Cuando Dios soberanamente le da un don a uno de sus siervos, ninguno de nosotros tiene derecho a cuestionarlo o a envidiar tal don. No podemos tener unidad donde hay celos y competencia sobre la medida de gracia dada a diferentes personas. Dios no puede permitir que caiga la bendición de la unidad (vea el Salmo 133) hasta que no hayamos tratado estos temas enérgicamente en nuestro corazón.

Nuestro **destino** espiritual **depende**, a menudo,

del **equilibrio** de poder **reconocer** y honrar

lo que el **cielo** le ha **dado** a otros en el **cuerpo** de Cristo.

Cuando percibimos la medida de gracia sobre la vida de otro pastor, iglesia o líder del ministerio, damos un paso gigante hacia la conquista de la envidia, porque reconocemos que la gracia que hay en su vida no le fue dada por mérito propio, sino por la elección soberana de Dios. Ellos no hicieron nada para ganarla o merecerla. Es el don de Cristo para ellos, y la reconocemos con agradecimiento para con Dios en nuestro corazón.

Aquello que proviene de Dios debe ser honrado. Cuando percibo que otro ha recibido algo de Dios, debo honrar, respetar y respaldar la autenticidad de lo que Él está haciendo en y por medio de la vida de otro. Cuando los fariseos no honraron el bautismo que Dios le había concedido a Juan, fueron terriblemente empobrecidos debido a esto. Juan había recibido algo del cielo, pero ellos lo habían rechazado. A su vez, cuando Jesús llegó, a Juan le tocó ser probado. ¿Sería capaz de honrar la gracia que estaba sobre la vida de Jesús? Juan aprobó el examen. Nuestro destino espiritual, a menudo, depende del equilibrio de poder reconocer y honrar lo que el cielo le ha dado a otros en el cuerpo de Cristo.

Mi orgullo no quiere aceptar que se le haya dado a otro una medida de gracia más grande que la mía. En realidad, la envida tiene su raíz en el orgullo. Cuando me encuentro con alguien que tiene un campo de acción más grande que el mío, mi carne quiere responder con toda clase de actitudes extrañas. Se requiere grandeza de corazón para decir: "Esa persona tiene más gracia de Dios en su vida que yo". Se requiere aún mayor grandeza de corazón para regocijarse por la gracia que está sobre esa vida.

La persona tiene que resolver algunos problemas de la carne para someterse gozosamente a alguien con mayor gracia en su vida. La relación de Bernabé con Pablo es interesante en estos lineamientos. Cuando los dos se unieron para comenzar el ministerio, Bernabé era el gran hermano y Pablo el pequeño. Bernabé era el líder; Pablo era el asistente. Pero había mayor gracia en la vida de Pablo que en la de Bernabé, y pronto se hizo evidente en los viajes ministeriales. En poco tiempo, Pablo llegó a ocupar el liderazgo y Bernabé pasó a ser el asistente. Ahora, ¡esa es una transición difícil de soportar!

Todo se vino abajo cuando surgió una diferencia de opinión entre ambos. Bernabé quería llevar a Juan Marcos en el próximo viaje misionero, pero Pablo lo rechazó. Si Bernabé hubiese comenzado *debajo* de Pablo, hubiese sido distinto; pero comenzó estando *sobre* Pablo. Debido a la forma en que su relación había evolucionado, Bernabé era incapaz de someterse al liderazgo de Pablo. Su incapacidad para recibir el liderazgo de Pablo significó que se separaran y conformaran dos grupos misioneros —los cuales ciertamente fueron siempre la voluntad de Dios—.

No obstante, el resultado es que no escuchamos más en el Nuevo Testamento sobre el ministerio de Bernabé, en cuanto a su naturaleza o efectividad. Sin duda, Dios lo usó poderosamente, pero el Espíritu Santo siguió la crónica de los poderosos hechos llevados a cabo por el vaso que tenía mayor gracia en su vida –Pablo–. De modo que usted tiene que decidir si quiere unirse a Pablo y cabalgar sobre las olas o apartarse y seguir un camino diferente, el que es aceptado también por Dios.

Definiendo las áreas de ministerio

El siguiente principio es extremadamente importante: La medida de gracia sobre la vida de un líder determinará el tamaño de su esfera de influencia. "Esfera" ha llegado a ser una palabra importante en nuestra consideración actual; denota el alcance de la autoridad e influencia ministerial de alguien. Dios le da gracia a todos.

La medida de **gracia** sobre la **vida** de un líder **determinará** el tamaño de su **esfera** de acción.

La manera en que ejerzamos fielmente esa gracia determinará el tamaño de nuestro campo o esfera de influencia ministerial.

Fue la medida de gracia en la vida de Pablo lo que determinó su esfera de acción. Él escribió:

"Nosotros, por nuestra parte, no vamos a jactarnos más de lo debido. Nos limitaremos al campo que Dios nos ha asignado según su medida, en la cual ustedes también están incluidos (...) No nos jactamos desmedidamente a costa del trabajo que otros han hecho. Al contrario, esperamos que, según vaya creciendo la fe de ustedes, también nuestro campo de acción entre ustedes se amplíe grandemente" (2 Corintios 10:13-15).

Dios le dio gracia a Pablo para ministrar a los creyentes de Corinto, y ahora, debido al hecho de haberse relacionado mediante la gracia, se les reconoció que estaban dentro del área de autoridad ministerial de Pablo.

Cada siervo de Dios tiene una esfera de autoridad ministerial que varía de acuerdo a la medida de gracia que cada uno haya recibido, y del trabajo que haya realizado en la misma. No obstante, Pablo reconoció que incluso la intensidad con que había trabajado se debía al poder de la gracia de Dios en él: *"Pero por la gracia de Dios soy lo que soy, la gracia que él me concedió no fue infructuosa. Al contrario, he trabajado con más tesón que todos ellos, aunque no yo sino la gracia de Dios que está conmigo"* (1 Corintios 15:10). De modo que la esfera de influencia ministerial de alguien crece cuando esa persona es fiel al ministerio de acuerdo a la gracia que está en su vida.

El **campo** de acción **tiene** que ver

con la **extensión** horizontal de **influencia**

y autoridad.

Cuando discernimos correctamente la medida de gracia en la vida de alguien, podemos honrar el campo de acción que Dios le ha dado a esa persona. El campo de acción tiene que ver con la extensión horizontal de influencia y autoridad. No es un orden vertical cuantitativo, sino una influencia horizontal. Cuando dejamos caer una piedra en un charco, cuando más grande sea la piedra, mayor será el efecto de movimiento del agua. El efecto de movimiento del agua puede ser comparado con el campo de acción de alguien. Dios nos ha concedido a cada uno nuestro propio efecto de movimiento –campo de acción– en el cuerpo de Cristo. Algunos siervos de Dios causan mayor efecto que otros en el cuerpo de Cristo. Debido a la unción y gracia en su vida, causan un impacto duradero más profundo en los santos del Señor.

Algunos siervos bendecirán a un grupo casero; otros a una iglesia; algunos sacudirán una iglesia; otros una ciudad; algunos sacudirán una nación; otros muchas naciones. Todo tiene que ver con la medida de gracia que se le haya otorgado al vaso. La medida de gracia determina el grado de impacto ministerial, el que determinará, a su vez, la esfera de influencia y autoridad dentro de la cual ese líder sea reconocido y honrado.

El campo de acción no tiene nada que ver con el lugar que ocupe dentro de una organización o estructura religiosa. Jesús no tuvo un puesto eclesiástico en su ministerio terrenal y, sin embargo, su campo ministerial no se ha detenido. Ningún título humano puede acrecentar su campo de acción, ni la falta de reconocimiento humano puede quitarle mérito. ¡Nadie puede limitar su campo de acción! Es una dádiva de Dios, y le pertenece. Y puede cambiar y crecer hasta el cansancio. Cuando cooperamos con la gracia de Dios, Él a veces nos lanzará a mayores esferas de influencia ministerial. Y si caminamos descuidadamente, puede reducir los límites de nuestro campo de acción.

Uno de los mayores errores que se cometen, a veces, en el cuerpo de Cristo, es la silenciosa suposición de que si a usted lo honro y lo libero para actuar en su esfera de influencia, voy a perder autoridad en mi campo de acción. No es solo un pensamiento falso, sino que también produce una horrible ola de envidia en el cuerpo de Cristo. La mentira es la que me dice que debo limitar su campo de acción o negárselo, para proteger el mío.

La **mentira** es la que me **dice** que debo **limitar**

su campo de **acción** o negárselo, **para**

proteger el mío.

Pablo suplicó a los creyentes de Corinto que *"según vaya creciendo la fe de ustedes también nuestro campo de acción entre ustedes se amplíe grandemente"* (2 Corintios 10:15). Les dice: "Si pueden ensanchar su fe para creer esto, se beneficiarán porque ampliarán grandemente nuestro campo de acción entre ustedes. Pueden ser tentados a pensar que si amplían nuestra esfera de influencia perderán algo; pero de hecho, van a ganar muchísimo. Al ampliar nuestro campo de acción hallarán que nuestro ministerio apostólico en su medio pavimentará la senda para oportunidades ministeriales más grandes que las que jamás podrían lograr por su propia cuenta".

Siempre nos beneficiaremos al máximo cuando liberamos nuestros respectivos campos de acción, sí, ¡cuando nos ponemos en campaña para lograr la plenitud del campo de acción de cada uno! Tenemos la tendencia a pensar que solo hay lugar para determinado número de movimientos en nuestro charco. La verdad es que no estamos en un charco; estamos en el *océano* del dolor y sufrimiento del mundo.

El océano de las necesidades humanas alrededor de nosotros son inagotables, y hay abundante espacio para que el movimiento de cada uno alcance la mayor medida de influencia y bendición. Lamentablemente, debido a sus inseguridades, algunos líderes funcionan como si estuviesen en un charco y no hubiese más lugar que para sus propios movimientos. Tales líderes tendrán siempre un impacto ministerial limitado.

Influenciando a diez personas, a cien, a mil

No obstante, para usar otra analogía escritural sobre el campo de acción, la Biblia habla de la división de Israel, como nación, en grupos de diez, de cincuenta, de cien y de mil. Este es el consejo que Jetro le dio a Moisés cuando vio cuán sobrecargado estaba:

> *"Elige tú mismo entre el pueblo hombres capaces y*
> *temerosos de Dios, que amen la verdad y aborrezcan las*
> *ganancias mal habidas, y desígnalos jefes de mil, de cien,*
> *de cincuenta y de diez personas"* (Éxodo 18:21).

De modo que algunos gobernantes tuvieron un campo de acción de diez personas, mientras que otros tuvieron a su cargo mil. David recogió el mismo principio, porque dice: *"David pasó revista a sus tropas y nombró jefes sobre grupos de mil y de cien soldados"* (2 Samuel 18:1).

A algunos capitanes le otorgó un campo de acción mayor que a otros.

El hijo de David también le concedió a algunos un campo de acción más grande que a otros. Los que tiene discernimiento podrán observarlo. Las mujeres de Israel pudieron ver la diferencia entre lo que Dios le había dado a David y lo que le había dado a Saúl. De modo que cuando David y los guerreros regresaron de luchar contra los filisteos, las mujeres cantaron una canción que se refería a la mayor influencia de David.

> *"Al son de liras y panderetas, cantaban y bailaban, y exclamaban con gran regocijo: Saúl destruyó a un ejército, ¡pero David aniquiló a diez! Disgustado por lo que decían, Saúl se enfureció y protestó: A David le dan crédito por diez ejércitos, pero a mí por uno solo. ¡Lo único que falta es que le den el reino! Y a partir de esa ocasión, Saúl empezó a mirar a David con recelo"* (1 Samuel 18:7-9).

Ambos, Saúl y David, fueron ungidos por Dios; pero estas mujeres discernieron que la unción sobre la vida de David era mayor, porque se le había concedido un campo de acción de *"diez ejércitos"*, mientras que a Saúl se le había otorgado uno de *"un ejército"*.

Si **Saúl** hubiese estado **seguro** de su **identidad**, **podía** haber sido **padre** del joven que **poseía** un campo **de** acción **mayor** que el suyo.

La mayor influencia de David se puso en evidencia en su habilidad para matar al campeón de los filisteos que Saúl no podía matar. Cuando discernieron realmente la mayor influencia de David, hicieron que la envidia explotara en el corazón de Saúl –debido a su inseguridad– la que albergó hasta el día de su muerte. Saúl supuso que si liberaba el campo de acción de David, su propio campo se vería amenazado y comprometido. Igualó el campo de acción con la posición jerárquica –el trono– razonando que solo un hombre por vez podía sentarse en el trono. Al igualar la influencia con la posición, pensó que David era su rival para el trono. No se dio cuenta que podía disfrutar del trono al liberar a David para alcanzar la plenitud en Dios, en su campo de acción. Si Saúl hubiese estado seguro de su identidad, podía haber sido padre del joven que poseía un campo de acción mayor que el suyo. Se perdió la maravillosa oportunidad de estremecerse ante la paternidad espiritual.

Valorando realmente su propio campo de acción

Aun antes de poder percibir realmente el campo de acción de otro, creo que necesitamos cultivar, en realidad, la gracia para percibir el nuestro. Recién después podremos liberar el campo de acción de otro, así como Santiago, Cefas y Juan fueron capaces de relacionarse libremente con el campo de acción de Pablo. Ellos conocían su propio campo y, por consiguiente, pudieron honrar el de Pablo.

Surgen varias preguntas importantes para hacernos: ¿Soy un santo humilde en el ejército? ¿Soy jefe de diez personas? ¿De cien? ¿De mil? ¿O gobierno sobre diez ejércitos (como David)? ¿Tengo la seguridad y la sabiduría para hacer una evaluación correcta sobre mi campo de acción dentro del cuerpo de Cristo? Por lo menos para el presente, debo reconocer que nuestro campo de acción puede crecer como disminuir. Solo si soy exacto en mi evaluación podré percibir correctamente la medida de gracia en la vida de otros. Dicho de otro modo, en la medida que esté engañado con respecto a la gracia que hay en mí, así será mi incapacidad para percibir con exactitud la gracia en la vida de los demás.

Una de las virtudes que mi esposa y yo hemos tratado de cultivar en nuestros hijos es la habilidad de evaluar con exactitud sus fortalezas y sus debilidades. Por ejemplo, cuando se han fanatizado por ser mejores jugadores de básquet que lo que realmente eran, les hemos ayudado a abrazar la realidad. Y cuando han permitido que sus inseguridades disminuyan su potencial, les hemos dado palabras de seguridad: "¡Puedes hacerlo!"

Queremos que ellos valoren la habilidad de hacer evaluaciones correctas en cuanto a sus dones y habilidades. Hemos visto a otros padres que no ayudaron a sus hijos a encontrar el equilibrio entre los excesos y defectos, y expusieron a sus niños a la frustración. Si nuestros chicos pueden aprender a evaluarse con exactitud, quizás crecerían en la gracia de percibir su propio campo de acción y el de los demás dentro del cuerpo de Cristo.

Como padres guíen a sus hijos a evaluarse correctamente, aunque todos nosotros necesitamos los sabios comentarios de amigos fieles que nos presenten con honestidad y lealtad la perspectiva que nos guardará de desviarnos o inflarnos en cuanto al discernimiento de sí mismo. Incontable número de líderes podrían haberse salvado del naufragio si se hubiesen sometido humildemente a aquellos que se esforzaron por brindarles una amorosa corrección y comentarios útiles.

> Una **correcta** evaluación de **nuestro**
> campo de **acción** nos da poder **para**
> **relacionarnos** con nuestros **hermanos** y hermanas
> con un **espíritu** libre.

Romanos 12:3 nos pide que no tengamos un concepto demasiado alto ni un concepto demasiado bajo de nosotros mismos: *"Por la gracia que se me ha dado, les digo a todos ustedes: Nadie tenga un concepto de sí más alto que el que debe tener, sino más bien piense de sí mismo con moderación, según la medida de fe que Dios le haya dado."*

"Piense de sí mismo con moderación" incluye la necesidad de no pensar que somos demasiada poca cosa, lo cual no estaría de acuerdo con la fe. Pablo dice esencialmente: "No obstante, permitan que la gracia de

Dios les ayude a encontrar un aprecio humilde, inspirado en la fe, dado sus dones, medida de gracia y campo ministerial".

Conozco líderes en el cuerpo de Cristo que tropiezan constantemente porque no han sido capaces de evaluarse correctamente. No han llegado a ver cómo sus debilidades le juegan en contra, de modo que no han aprendido a permitir que otros suplan esas debilidades y los ayuden. Por lo tanto, su campo de acción está constantemente siendo obstaculizado por sus inseguridades y responsabilidades no resueltas.

Una correcta evaluación de nuestro campo de acción nos da poder para relacionarnos con nuestros hermanos y hermanas con un espíritu libre. Nos proporciona un corazón libre para relacionarnos en forma dadivosa con aquellos cuyo campo de acción es menor o mayor que el nuestro. Aquí es donde se desinfla la envidia. Porque conozco la bondad y el llamado de Dios en mi propia vida, puedo celebrar la bondad y el llamado de Dios en la vida suya. ¡Aleluya!

Donde nadie es su competidor

Pablo tuvo una gran meta hacia la que corrió con celo: la meta de conocer a Cristo. Reconoció que en esa competencia no corría con el fin de luchar con otros creyentes, sino con el estándar del llamado que Dios había puesto delante de él. Su único competidor era el mismo. Es por eso que escribió:

> *"Hermanos, no pienso que yo mismo lo haya logrado ya.*
> *Mas bien, una cosa hago: olvidando lo que queda atrás y*
> *esforzándome por alcanzar lo que está delante, sigo*
> *avanzando hacia la meta para ganar el premio que Dios*
> *ofrece mediante su llamamiento celestial en Cristo Jesús"*
> (Filipenses 3:13-14).

Permítame sugerirle lo siguiente: Sitúe su corazón en el campo de juego donde nadie sea su competidor.

¿Cómo lo hacemos? Creo que Colosenses 3:2 nos da la respuesta: *"Concentren su atención en las cosas de arriba, no en las de la tierra"*. Cuando establezca metas para su vida, articúlelas en términos de las realidades celestiales. En contraste, comúnmente se nos enseña a articular nuestras metas en términos terrenales:

- Mi meta es que mi ministerio se duplique este año.
- Mi meta es que mi grupo casero se triplique en los próximos cinco años.
- Mi meta es tener el doctorado cuando cumpla treinta años.
- Mi meta es establecer una nueva iglesia en esta comunidad.
- Mi meta es sostener doble cantidad de misioneros para esta época el próximo año.

Mientras que todas estas metas parecen nobles, son metas del campo de juego terrenal donde otros pueden competir. Donde hay lugar para la competencia entre hermanos, para el egoísmo y la envidia. Por el contrario, ¿qué pasaría si nos fijamos metas con propósitos celestiales donde nadie pueda competir?

- Mi meta es ocupar el lugar más bajo en las bodas del Cordero y ser llamado a ocupar uno más alto para que el Novio me llame su amigo.
- Mi meta es pararme delante del justo trono de Cristo con mucho oro, plata y piedras preciosas para presentarlos delante de Él.
- Mi meta es ser conocido en el cielo.
- Mi meta es ser grande a los ojos de Dios cuando me pare delante de Cristo, sin mancha y con gran gloria.
- Mi meta es pararme delante del trono de Dios rodeado de muchas almas, de quienes pueda decirle a Cristo: "Aquí estoy con los hijos que Dios me ha dado".
- Mi meta es oír estas simples palabras: *"Bien, buen siervo y fiel"*.

Necesitamos fijar tales metas para nuestra vida que, aunque seamos puestos en prisión como José o Pablo, puedan ser aún alcanzadas. Cuando Pablo escribió: *"Concentren su atención en las cosas de arriba, no en las de la tierra"*, pienso que estaba diciendo: "Pongan sus afectos, sus aspiraciones, sus metas, sus más íntimos anhelos, en las cosas de arriba". Cuando nuestras íntimas aspiraciones están puestas en el llamado de lo alto –el cual nadie puede interferir o hacerle competencia– nuestro corazón será sorprendentemente libre de los seductivos tentáculos de la envidia.

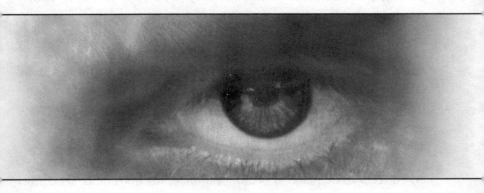

El **desvío** de la envidia: **muerte** o **destino**

Uno de los sentimientos más zozobrantes que usted puede experimentar cuando se dirige apresuradamente hacia algo importante, es encontrar la señal de "desvío". Algo adentro dice: "¡Oh, no!" Pienso que todos odiamos los desvíos. Y, sin embargo, descubrí algo con respecto a Dios: Él es un Dios de desvíos. Siempre que nos lleva por un largo camino y nos hace dar vueltas, es con un propósito, aunque no podamos verlo en ese momento.

Esta verdad se halla poderosamente ilustrada por uno de los

tramos del viaje de Israel a través del desierto. Al observar el desvío en su viaje debemos aprender que fue muy estratégico para los propósitos de Dios.

Los cuarenta años del vagar de la nación por el desierto habían llegado a su fin y tenían que moverse hacia Canaán. De modo que Moisés le preguntó al rey de Edom si podían pasar por su territorio. Edom era el nombre que se le daba a la nación formada por los descendientes de Esaú. Este era hermano de Israel, y los edomitas todavía tenían mucho rencor hacia los israelitas, dado que Jacob había engañado a Esaú. En una palabra, Edom envidiaba a Israel.

Cuando Moisés preguntó si podía pasar por su territorio, el rey de Edom rechazó de plano el pedido. Entonces los hijos de Israel continuaron viaje en dirección al norte, y pasaron cerca de la frontera oeste de Edom (vea Números 20:14-21).

Jormá representa para **nosotros** una **victoria** anticipada **que** **precedió** al largo **desvío**.

Ellos se aproximaban a un sitio situado al sur del Mar Muerto cuando repentinamente fueron atacados por un rey de Canaán –el rey de Arad– que tomó prisioneras a algunas personas. Después de orar, los israelitas atacaron a ese rey y no solo vencieron a los cananitas, sino que también los destruyeron junto con sus ciudades. El principal lugar de batalla fue un sitio llamado Jormá (vea Números 21:1-3). Jormá representa para nosotros una victoria anticipada que precedió al largo desvío.

Aunque hoy no muchos se den cuenta, la toma de Jericó *no* fue el primer ingreso a la Tierra Prometida. Su primera victoria sobre los cananeos ciertamente fue aquí en Jormá. Penetraron en territorio cananeo hasta Jormá, y llegaron aproximadamente a unos sesenta kilómetros de Jerusalén.

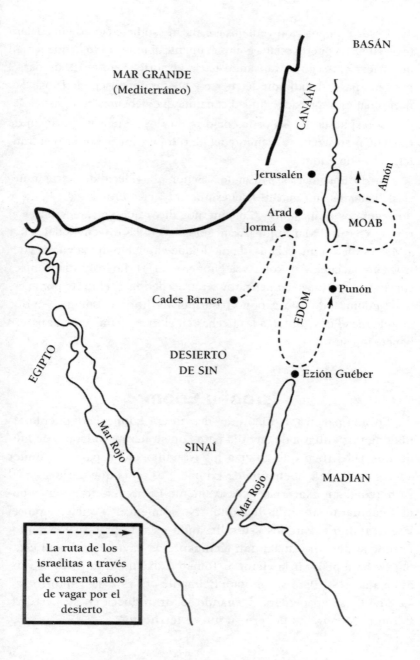

La ruta de los israelitas a través de cuarenta años de vagar por el desierto

Desde esta posición ventajosa, Canaán –su heredad– estaba delante de ellos. La puerta estaba completamente abierta. Todo lo que tenían que hacer era seguir avanzando hacia el norte. Pero antes de dar el próximo paso, decidieron detenerse y buscar el consejo de Dios: "Señor, ¿cuál es la próxima ciudad cananita que debemos conquistar?"

La respuesta del Señor los dejó pasmados: "Vuélvanse, salgan de Canaán, regresen por el camino del Mar Rojo, y luego bordeen la frontera oeste de Edom".

Puedo imaginarles pensando: "Señor, ¡has decidido hacer niñerías! ¡Estamos en Canaán! Esta es nuestra Tierra Prometida. ¿Por qué no seguimos avanzando? ¿Por qué nos dices que volvamos hacer el trayecto hasta el Mar Rojo? ¡Avancemos!" Pero las directivas del Señor a Moisés fueron muy claras, de modo que el pueblo dio la vuelta y retrocedió hacia el Mar Rojo (vea Números 21:4). Rodearon la frontera sur de Edom y luego comenzaron a retroceder hacia el norte por el este de Edom, todo esto para no pasar por territorio edomita. ¡Vea qué grande fue el desvío! (siga las flechas en el mapa para ver cuál parece haber sido su ruta).

Israel y Edom

En una palabra, la razón del desvío era Edom. Este pueblo tenía una raíz antigua de envidia para con su hermano Israel, de modo que Dios tuvo que guiar a los israelitas como para responder adecuadamente a la envidia de Edom. Dios tenía que darle a Israel su heredad sin exacerbar excesivamente la envidia de Edom. Puedo imaginarme al Señor diciendo: "No comiencen a quejarse por el largo camino al que los estoy llevando en este preciso momento. Porque si poseen Canaán tan fácilmente, la envidia de Edom estallará y hará peligrar la victoria. Tomen Canaán ahora y Edom vendrá a atacarlos. Pero si caminan fielmente por este desvío tortuoso, su envidia se apaciguará; y cuando los introduzca en su heredad, Edom no pondrá en peligro su nuevo territorio".

No obstante, Dios no solo trataba con la envidia de Edom; sino también con el espíritu ambicioso de Israel. Su victoria sobre el rey de Arad fue un éxito aplastante, y la facilidad de la batalla hizo que sus ojos brillasen. Habían probado la victoria y ¡era muy sabrosa! Ahora tenían visiones de la tierra como que se derretía delante de ellos como si fuera manteca. El espíritu ambicioso de conquista apareció en sus corazones. "Bien, Edom, si no nos permites pasar por tu territorio, entonces mira esto. Entraremos directamente a Canaán por nuestros propios medios y te mostraremos una o dos cosas. Observa el accionar de nuestra maquinaria de guerra, hermano, y ¡consúmete!" Aunque esta actitud no se describe en el texto, supongo que estaba presente allí debido a lo propenso que es, comúnmente, el ser humano a adoptar un espíritu triunfalista como consecuencia del éxito.

Es posible que usted recuerde que Esaú –Edom– y Jacob eran hermanos mellizos y rivales desde el comienzo. Esaú le vendió su primogenitura a Jacob por comida (vea Génesis 25:19-34). Luego fue despojado de la bendición de su padre cuando Jacob simuló ser él y le robó engañosamente la bendición que le pertenecía (vea Génesis 27). La nación de Edom jamás lo olvidó. Esaú, en lugar de asumir la responsabilidad por la falta de bendición en su vida, pensó que la culpa era de Jacob. Aunque han transcurrido siglos, la rivalidad entre las dos naciones todavía está viva y goza de buena salud.

Debido a que Esaú no asumió su responsabilidad personal por su relación con Dios, sus descendientes terminaron por pecar groseramente contra Israel. Como respuesta, Dios declaró que juzgaría a Edom como nación. Uno de los profetas que registró la ira de Dios contra Edom escribió uno de los libros más cortos de la Biblia, el profeta Abdías.

El libro de Abdías es una exposición sobre la envidia, trata específicamente la relación de Esaú con Jacob, su hermano. La envidia de Esaú lo hizo distanciarse de Jacob y de las promesas de los patriarcas. Edom llegó a ser una nación que en lugar de participar del reino de Dios, lo persiguió. El libro de Abdías pone al descubierto el fruto de la envidia, pues revela los siguientes principios con respecto a sus consecuencias:

- La envidia conduce al pensamiento pervertido y a la pérdida de la comprensión. *"¿Acaso no destruiré yo en aquel día a los sabios de Edom, a la inteligencia del monte de Esaú?"* (Abdías 1:8). Cuando rehusamos tratar con la envidia de nuestro corazón, nuestra forma de pensar se distorsiona y caemos en la decepción.
- La envidia nos hará estar a favor de los que se oponen a los planes de Dios. *"En el día que te mantuviste aparte, en el día que extranjeros llevaron su ejército cautivo, cuando extraños entraron por su puerta y sobre Jerusalén echaron suerte, tú eras como uno de ellos"* (v. 11). Cuando los muros fueron derribados y los habitantes llevados a Edom —como Judas Iscariote la noche que traicionó a Jesús— se lo halló en compañía de los enemigos de Dios.
- La envidia puede hacer que alguien se regocije por la aflicción de otro, algo que atrae ciertamente la ira de Dios. *"No debiste reírte de tu hermano en su mal día, ni en el día de su desgracia. No debiste alegrarte a costa del pueblo de Judá en el día de su ruina"* (v. 12).
- La envidia puede hacer que una persona usurpe el campo de acción de otro, convencida de que esas posesiones o dominios le pertenecen. *"No debiste entrar por la puerta de mi pueblo en el día de su calamidad. No debiste echar mano de sus riquezas en el día de su calamidad"* (v. 13). Jacob había obtenido la bendición de Dios engañando aparentemente a Esaú; ahora Edom sentía que la bendición de Israel era la herencia que le pertenecía confiscar. La envidia le había llevado a conclusiones equivocadas.
- La envidia siempre tiene un efecto rebote. *"Porque cercano está el día del Señor contra las naciones. ¡Edom, como hiciste, se te hará! ¡Sobre tu cabeza recaerá tu merecido"* (v. 15) Convencido de que los israelitas habían actuado mal, Edom tomó revancha.

Ahora, a causa del juicio de Dios, otros vendrían y tomarían revancha contra ellos. La violencia de Edom recayó sobre su propia cabeza.

• Al final, el que envidia cederá su heredad a la persona envidiada.

"Los del Néguev poseerán el monte de Esaú" (v. 19). Aunque Esaú envidiaba a Jacob e incluso lo saqueó, el Señor dijo que los montes de Edom pertenecerían a Israel.

El veneno de la demora

Los principios sobre la envidia que se encuentran en el libro de Abdías tienen serias implicancias. Ahora bien, cuando regresamos a la historia del tedioso caminar de Israel cuando bordeaban la tierra de Edom, vemos que Dios no podía darle a Israel su heredad sin tratar primero con la envidia de Edom.

El enorme desvío que bordeaba la tierra de Edom era un camino desértico en cuyo hábitat natural no había alimento ni agua. Cuando Dios guió a los israelitas en esta larga prueba, ellos no entendían los planes de Dios, de modo que no fueron precisamente agradecidos. Sus repugnantes actitudes y las pertinentes consecuencias se registraron para nosotros:

"Los israelitas salieron del monte de Hor por la ruta del Mar Rojo, bordeando el territorio de Edom. En el camino se impacientaron y comenzaron a hablar contra Dios y contra Moisés: '¿Para qué nos trajeron ustedes de Egipto a morir en este desierto? ¡Aquí no hay pan ni agua! ¡Ya estamos hartos de esta pésima comida!' Por eso el Señor mandó contra ellos serpientes venenosas, para que los mordieran, y muchos israelitas murieron. El pueblo se acercó entonces a Moisés, y le dijo: 'Hemos pecado al hablar contra el Señor y contra ti. Ruégale al Señor que

> *nos quite esas serpientes'. Moisés intercedió por el pueblo,*
> *y el Señor le dijo: 'Hazte una serpiente, y ponla en un*
> *asta. Todos los que sean mordidos y la miren, vivirán'.*
> *Moisés hizo una serpiente de bronce y la puso en un asta.*
> *Los que eran mordidos, miraban a la serpiente de bronce y*
> *vivían"* (Números 21:4-9).

Dios sabía que debido a la larga demora el alma de los israelitas "se impacientaría en el camino". Dios no se disgustó por su desánimo sino, más bien, por la forma en que eligieron expresarlo. Dios quería desarraigar su ambición y tratar con la envidia de Edom, pero la respuesta del pueblo fue la queja. Entonces Dios envió víboras venenosas al campamento para mostrarles que la reacción de ellos ante sus tratos los estaba, literalmente, matando.

El Nuevo Testamento nos da una perspectiva interesante de esta historia: nos dice que el pueblo pereció por la mordedura de las serpientes porque tentaron a Cristo (vea 1 Corintios 10:9). Pensaron que la idea de ir por el camino más largo era totalmente estúpida. Habían entrado a la fructífera media luna de Canaán y ahora se regresaban al desierto, sin alimento ni agua, excepto por el maná que aborrecían por eso entonces. Sin duda estaban hablando así: "Esta es una ruta estúpida hacia Canaán. Dios, ¿sabes lo que haces? Hombre, ¡incluso yo podría haber trazado un camino mejor que este!"

Estaban tentando a Cristo al menospreciar su provisión de maná y poner en tela de juicio la justicia y la sabiduría de Dios. Cristo, anteriormente, les había mostrado su fidelidad incontables veces, pero ahora eran sorprendidos una vez más aferrados a la incredulidad. Por su impaciencia estaban realmente negando a Dios con su lengua.

Al enviar las serpientes, Dios estaba básicamente diciendo: "Déjenme mostrarles lo que están haciendo. Permítanme ilustrarlo con algunas serpientes venenosas. Ellas les morderán con su lengua y los envenenarán con amargo veneno. Quizás ellas les ayuden a darse cuenta que han sido envenenados por la amargura. Las serpientes le harán a ustedes lo mismo que ustedes me han hecho a mí. Han sido mordidos por la amarga incredulidad y ella los está matando interiormente."

¿Muerte o destino?

Las demoras de Dios tienen un propósito, pero en el período de demora es cuando estamos especialmente cansados, sensibilizados y somos vulnerables a la tentación. Si no cuidamos nuestro corazón y no examinamos nuestras reacciones carnales, podemos correr el riesgo de convertirnos en una desgracia.

Cuando Dios lo conduzca por un largo desvío, será posiblemente vulnerable a numerosas tentaciones venenosas que tienen el potencial de dejarlo mortalmente herido: amargura contra Dios, incredulidad –que siempre es la principal– comparaciones carnales, difamación, autocompasión, queja, culpar a otros, culpar a Dios y muchas otras.

Las **demoras** de Dios tienen un **propósito**;

pero en el **período** de demora es **cuando** estamos

especialmente cansados, **sensibilizados**

y somos **vulnerables** a las tentaciones.

El punto relevante del relato es este: no todos sobreviven al desvío. Algunos lo hacen por casualidad. Piense en esto: usted ha cruzado el Mar Rojo, derrotado a los amalecitas, oído la voz de Dios en el monte y sobrevivido a treinta y nueve torturantes años de vagar en el desierto. Cuando los otros miles fueron muertos debido al juicio de Dios, usted permaneció. Y ahora, solo unos cortos meses antes de entrar a Canaán ¡usted se convierte en una desgracia! ¿Ha llegado hasta aquí, santo querido, para ser desviado por el cansancio cuando el final de la competencia casi está a la vista?

El punto **relevante** del relato es **este**:
No **todos** sobreviven al **desvío**.

Desgraciadamente para muchos, durante uno de los desvíos de Dios, la gente no discierne que Él quiere tratar con el ambicioso espíritu competitivo que ejerce una influencia siniestra sobre su corazón. La mayoría ni siquiera se da cuenta que el problema es este. Dios usa la demora para frustrar sus agendas personales. La pregunta es: ¿percibirán que su frustración es fruto del espíritu ambicioso?

Es interesante notar que no es el enemigo el que los pone fuera de combate ya mismo. Cuando enfrentan al enemigo en Canaán, experimentan victorias. Pero son comidos vivos por las decisiones de su propio corazón.

Los que pasan la prueba del desvío encontrarán que el mismo les franquea la entrada al destino espiritual. Los que sucumben a la incredulidad y al desánimo, perecen. ¡El peligro es enorme! De modo que, gracias a Dios porque, en medio del juicio, su misericordia se extiende en forma poderosa hacia su pueblo y provee sanidad para los que habían sido mordidos. ¡Él es tan misericordioso! De la misma manera, los que han sido mordidos por el veneno de la ambición encuentran misericordia y restauración en el poder de la salvación que Dios da. La serpiente en el asta representa a Cristo, a quien hoy miramos a fin de ser sanados de la mortal picadura de la envidia, la ambición y la competencia. ¡Él es un Dios muy bueno! Ha hecho provisión para nuestra sanidad, de modo que podamos participar en la gloriosa conquista de nuestra tierra prometida.

El propósito del desvío

Resumamos los beneficios del desvío:

1. Trató con la envidia de Edom. Cuando Edom vio la agonizante senda que Israel transitaba para bordear su tierra, que

marchaba en forma desesperada a través de una tierra sin agua, su envidia se volvió piedad. Vieron cuánto debía sufrir Israel solo para honrar sus fronteras Cuando finalmente conquistaron Canaán, la actitud de Edom fue: "Dejen que la posean".

2. Israel terminó con una herencia mayor que la anticipada inicialmente. El desvío significó que debían conquistar primero el país de los amorreos, antes de abordar Canaán. Al final, tomaron Canaán más la tierra de los amorreos al este del Jordán. Si no se hubieran desviado, no es probable que hubiesen desafiado a esas otras naciones. No fue así al principio; pero mediante el desvío, Dios les mostró que estaba *de parte* de ellos.

3. Trató con la ambición de Israel. Si Edom envidiaba a Israel, podría realmente decirse que Israel tenía un espíritu competitivo con Edom. El desvío, al bordear Edom, hizo que las ambiciones de sus corazones afloraran. Dios apuntó finalmente a esta antigua rivalidad por medio de un astuto desvío. El hermano con menor herencia siempre envidiará al que tiene una herencia mayor. El hermano que tiene más siempre tendrá que luchar con el espíritu competitivo hacia el hermano que posee menor patrimonio. Ciertamente, todos nosotros tenemos que luchar, en alguna medida, con ambas actitudes. Todos tenemos algo de Edom y de Israel dentro de nosotros. Todos tenemos que luchar con la envidia por los que son puestos por encima de nosotros, y con la ambición cuando se nos coloca por encima de los demás.

Relevancia actual, para hoy

La historia del extenso desvío de Israel alrededor de Moab, y las pertinentes mordidas de las serpientes, son profundamente relevantes para el lugar que ocupa la iglesia hoy. Israel representa al hermano –iglesia/ministerio– con mayor herencia; Edom representa al hermano –iglesia/ministerio– con menor patrimonio. Dios elige la herencia que nos dará, y es distinta para cada líder, iglesia o ministerio. Luego, cuando coloca a esas iglesias en nuestra misma comunidad o región, las dinámicas de relación son múltiples y extremadamente intrincadas.

Dios nunca hace que el **sendero** hacia una **fructificación** mayor sea **envidiable**.

En estos días el Señor lleva a ciertos miembros de su iglesia –usualmente a los que poseen una heredad mayor– a través de desvíos y demoras. Pero Él tiene un propósito al no permitirle que entre a poseer su herencia de forma fácil. Dios quiere bendecirlo con la totalidad de su herencia, pero solo puede hacerlo cuando trata con la envidia de sus hermanos. Dios hace que el sendero hacia una fructificación mayor sea envidiable. Siempre llega a un precio que no produce envidia sino que, por el contrario, produce un temor santo por la consagración que esa fructificación exige.

Pablo lo refirió en estos términos: *"Por lo que veo, a nosotros los apóstoles Dios nos ha hecho desfilar en el último lugar, como a los sentenciados a muerte. Hemos llegado a ser un espectáculo para todo el universo, tanto para los ángeles como para los hombres"* (1 Corintios 4:9).

Pablo nos dice: "Todos nos miran y se preguntan: ¿Qué hace Dios con nosotros? Aun los ángeles observan nuestro camino y sacuden la cabeza". Quizás usted se sienta como esa serpiente clavada en el asta, el hazmerreír de otros; el motivo de su torpeza es el preguntarse y sacar conclusiones prematuras: "¿Qué hace Dios con *esa* iglesia?", "Me pregunto qué ocurre con *su* ministerio". Este es el propósito de Dios: hacerlo un hazmerreír. Pero si persevera en la disciplina y la templanza, un día su camino se convertirá en fuente de vida que anima a otros que transitan un camino similar.

Una historia personal

Casi todos los pastores tienen alguna historia de envida para contar. Pero ya que soy el que escribe este libro, decidí contarle la mía. Mi propósito al contarla es ilustrar, por medio de mi propia experiencia, los principios de este capítulo.

Mi primer pastorado fue en una pequeña ciudad del oeste en el Estado de Nueva York. Tenía 29 años cuando acepté ser pastor de esa esforzada iglesia pequeña. Mi esposa y yo éramos jóvenes, vehementes, sinceros e inexpertos; y teníamos muchos sueños. Lo primero que hice fue unirme a un grupo pastoral de oración que pertenecían a otras tres iglesias de la región, y que estaba en nuestro mismo fluir. Sin embargo, no estaba preparado para todo lo que tendría que enfrentar.

Lo primero que aprendí fue que todos esos pastores tenían problema con cierta iglesia de la región que era grande y floreciente. Esta gran iglesia había atraído virtualmente ovejas de todas las iglesias de la zona y no había intentado comunicarse con los pastores que habían perdido sus miembros. Dichos pastores acusaban a esa gran iglesia de falta de ética, de aislamiento y de albergar ovejas que tenían enormes problemas sin resolver en su vida. La conversación en nuestras reuniones pastorales de oración se centraba, a menudo, en esa iglesia. Definitivamente el grupo tenía sabor a "nosotros contra ellos", y se esperaba que yo tomara partido por el "nosotros".

Yo era demasiado inexperto en realidad como para conocer y discernir la envidia, pero para mí todo eso no sumaba. Si usted juntaba nuestras cuatro iglesias, la asistencia no representaba ni siquiera un cuarto de la que poseía esa gran iglesia. Y el informe que escuché de las ovejas que asistían allí era que había pastos verdes y que todavía había agua en ese lugar. De modo que decidí investigar por mi cuenta. Pedí una cita y visité al pastor en su oficina.

Se puso en guardia y se alistó para atenderme. Las anteriores visitas de pastores del área habían sido desagradables y él se preparó para más de lo mismo. Pero yo fui simplemente a encontrarme con él y a escuchar su corazón. Mi primera visita me indicó que había un rico depósito espiritual en este hermano y que podía aprender mucho de él. De modo que regresé, tuve una segunda visita. En mi tercera visita se dio cuenta que mi deseo de relacionarme con él era sincero, y comenzó a surgir una amistad.

Una vez le pregunté: "¿Por qué no llama a los pastores cuando una familia de otra iglesia viene a la suya?" Me dijo: " Con la envidia que nos tienen esos pastores, si presto atención a la situación cada vez que esto sucede, sería mucho peor. Además, simplemente no tengo tiempo para hacer todas esas llamadas telefónicas". Dijo que él nunca había hecho nada para sacar gente de otra iglesia. Todo lo que habían hecho era concentrarse en proveer alimento suculento para sus ovejas. Como resultado, las ovejas venían de todas partes a alimentarse. Quedé fascinado por su filosofía pastoral y determiné en mi corazón ser abierto y enseñable.

Con el correr de los meses, la bendición del Señor comenzó a caer sobre nuestra pequeña iglesia. Pronto nuestra iglesia dejó de ser pequeña. No pasó mucho tiempo sin que creciera más que las otras iglesias representadas por los pastores de nuestro grupo de oración. Cuando eso sucedió, la naturaleza de mi relación con los demás pastores curiosamente comenzó a cambiar.

La realidad era esta: la gente ahora dejaba sus iglesias para asistir a la nuestra. Descubrí rápidamente que esto era una gigante piedra de tropiezo para la relación entre las iglesias, el lado negativo del crecimiento, la *némesis* de la unidad en la ciudad. Cuando una familia de otra iglesia pasaba a la nuestra, parte de mí se regocijaba porque tenía más manos en el campo para ayudar con la cosecha. Pero otra parte se encogía al pensar cómo resolvería la cuestión con mi amigo pastor de la iglesia que la gente había abandonado.

En mis años de pastor luché por encontrar una forma efectiva para resolver esta situación con mis colegas pastores. Cuando sus inseguridades originaban respuestas envidiosas, parecía no haber forma adecuada de suavizar los choques.

Llegamos a tener tres servicios los fines de semana y supimos que teníamos que agrandar el templo. El Señor proveyó el terreno en forma soberana, y comenzamos a diseñar el borrador de los planos para construir un nuevo lugar de adoración. Sería uno de los santuarios más grandes de la ciudad. El Señor puso en nuestro corazón edificar sobre la base de pagar solo al contado, sin ningún tipo de hipoteca sobre el nuevo edificio. Una vez que estuvimos en el nuevo lugar, la bendición fue mayor; pero entrar al nuevo edificio únicamente al contado fue un gran desafío de fe.

Nuestra congregación comenzó a dar sacrificialmente. Pero aunque daban generosamente de acuerdo a su habilidad, no lográbamos más que el diez por ciento anual de los fondos necesarios. ¿Nos llevaría ocho a diez años ocupar el nuevo edificio? Al estar en múltiples servicios los fines de semana, ¡el camino que teníamos por delante parecía interminable! Después de cuatro años de ofrendas sacrificiales comenzamos a enfrentar un adormecimiento donde parecía que nuestro ímpetu había desaparecido. Las ofrendas llegaban con cuentagotas, con más lentitud que nunca. El equipo pastoral se sentía cansado. La gente estaba cansada y el entusiasmo decayó.

Comencé a preguntarme: "¿Cuánto tiempo, Señor?" Lo busqué en oración para comprender el tedio del camino. Estábamos en un desvío trabajoso y yo no sabía por qué. Hablé de nuestra situación con otros pastores del área. Ellos comenzaron a orar con y por nosotros. Luego comenzaron a indagar nuestra prosperidad y a expresar cosas como estas: "Estamos confiados, esperando que el Señor envíe una donación importante!" ¡Incluso un par de iglesias de la zona ofrendaron para nuestro fondo de edificación!

Por medio de esa larga demora y de otras circunstancias purificadoras en mi vida, el Señor me quebrantaba, como pastor. Por medio de esta presión, comenzó a revelarme que había actuado con un espíritu ambicioso respecto a otros pastores del área. Ese elemento representaba un porcentaje tan pequeño de mi motivación que, honestamente, no lo había notado durante años. Pero a través del quebrantamiento, Dios sacaba a la superficie toda clase de problemas en mi vida con los que quería que tratara. Aunque representaba quizás menos del uno por ciento de mi motivación, me mostró cómo un poco de levadura leuda toda la masa, y esta pequeña fracción de ambición estaba de hecho desmereciendo mi ministerio en todos los aspectos.

Así que convoqué a los pastores de la región a una reunión especial y les dije: "El Señor me ha relevado las motivaciones de mi corazón, y ahora veo que realmente me estuve relacionando con ustedes, hermanos, con un espíritu de rivalidad. Algo en mi interior ha tenido la ambición de edificar mi propio ministerio, y me ha hecho relacionar con ustedes en forma competitiva". Me miraron y dijeron: "Sí. Lo sabemos". Les dije: "Por favor, oren por mí". Así que me arrodillé delante de ellos, me impusieron las manos y oraron por mí".

¡Qué experiencia tan humillante para mí! Todo lo que podía hacer era humillarme bajo la poderosa mano de Dios. Cuando ahora reflexiono al respecto, aunque el desvío fue el castigo doloroso de todo lo que afloraba, estoy agradecido que el Señor me haya amado lo suficiente como para usarlo con el fin de pulir y perfeccionar mi vida.

Por medio de todo esto, comencé a ver la sabiduría del Señor al llevarnos por una larga ruta. No solo trató con los problemas de nuestro corazón, sino que vio que si nos hubiésemos mudado a nuestro nuevo templo con rapidez y facilidad, la tentación de envidiar, por parte de las demás iglesias de la zona, hubiese sido grande. Si la envidia hubiese erupcionado, aunque el nuevo edificio fuese una bendición para nuestra iglesia local, la erosión de envidia en la iglesia regional hubiese sido mortal para los propósitos de Dios en nuestra zona. Debía ser un paso hacia delante pero dos hacia atrás. Pero debido a que el Señor nos llevó por un desvío agonizantemente lento, las demás iglesias llegaron eventualmente a ser las que nos alentaban.

Cuando finalmente ocupamos el nuevo edificio, seis años y medio después de haber comprado el terreno, se regocijaron con nosotros por la bondad de Dios. Y sí, el Señor nos envió grandes donaciones en ese tramo final que nos posibilitaron entrar al templo antes de lo que pensábamos, ¡y todo al contado! Pero para cuando nos mudamos, el factor envidia había sido tratado por la sabiduría del Señor, los problemas de nuestra ambición interna habían sido severamente aplastados por Él, y nos fue posible ocupar el templo más grande acompañados por las celebraciones de los demás hermanos de la región.

> *"¡Qué profundas son las riquezas de la sabiduría y del conocimiento de Dios! ¡Qué indescifrables sus juicios e impenetrables sus caminos! (...) Porque todas las cosas proceden de él; y existen por él y para él. ¡A él sea la gloria por siempre! Amén"* (Romanos 11:33-36).

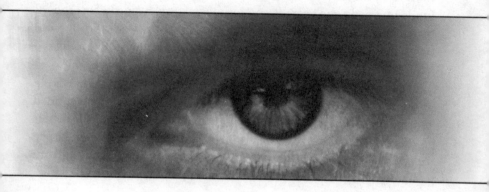

Capítulo 9

Arraigados
en el **amor**

S i estamos dispuestos a admitirlo, todos nosotros tenemos una crisis de identidad de clases. Es por eso que hay tanta envidia en todas partes. La envidia no puede encontrar sostén en el corazón del santo cuya identidad está completamente basada en el amor de Dios.

"Para que por fe Cristo habite en sus corazones. Y pido que, arraigados y cimentados en amor, puedan comprender, junto con todos los santos, cuán ancho y largo, alto y profundo es el amor de Cristo; en fin, que conozcan ese amor que sobrepasa nuestro conocimiento, para que sean llenos de la plenitud de Dios" (Efesios 3:17-19).

Cuando estamos arraigados, basados y perfeccionados en el amor, nuestro sentido de identidad en Dios alcanza una realización tan profunda que nada que veamos con los ojos naturales puede hacernos albergar una respuesta envidiosa. No deseamos para nada lo que otro tiene, porque ya tenemos todo lo que hay que tener: ¡una pródiga relación íntima con el Señor del universo!

Hablo en términos teóricos, porque todavía no he logrado esa plenitud. Por lo tanto, yo mismo tengo todavía alguna crisis de identidad. Todavía no soy *"perfecto en el amor"* (1 Juan 4:18). Afirmar que *no* tengo crisis de identidad sería para mí afirmar que he entrado en el perfecto amor, y no es así. Pero no me desanimo; la gracia es abundante para mí y ¡cada vez entro más y más en el perfecto amor de Cristo!

La envidia **procura** el puesto de **otros**;

el **amor** procura el **avance** de los **demás**.

El tema de la envidia deja de hervir ante el amor. *"El amor no es envidioso"* (1 Corintios 13:4). Porque el amor de Jesús está totalmente desprovisto de egoísmo, el amor entre nosotros también debe ser sin egoísmo: *"Y este es mi mandamiento: que se amen los unos a los otros, como yo os he amado"* (Juan 15:12).

La envidia es inherentemente egoísta, y por lo tanto no proviene del amor. El amor representa todo lo que la envidia no es. La envidia procura el puesto de otros; el amor procura el avance de los demás. *"Como yo os he amado"*, ¡qué palabra! Cuando moramos en su amor, seguramente nuestra envidia quedará excluida, será desplazada por la grandeza ilimitada del amor desinteresado de Cristo que es derramado sobre nuestro corazón por el Espíritu Santo.

Cuando estoy arraigado en el amor de Cristo y entro a conocer las vastas dimensiones del amor de Cristo –anchura, largura, profundidad, altura– descubro algo fascinante: ¡es mediante el conocimiento de Dios que descubro quién soy! Cuando alcanzo a conocerlo, me revela cómo estoy ante Él. Cuando me doy cuenta cómo estoy delante de Dios, que está embelesado porque mi débil corazón palpita por Él, entonces recibo coraje para creer que soy lo que Él dice que soy.

Envidio a otros porque no estoy totalmente satisfecho con lo que soy. Y si no soy feliz con lo que soy, todavía me falta revelación de lo que he sido hecho en Cristo. Todavía no estoy arraigado y perfeccionado en el amor. De modo que, ponga el último clavo en el féretro de la envidia, debemos procurar conocer el amor de Cristo.

Usted puede alegar: "¡Pero conocer el amor de Dios es una búsqueda de por vida que nunca se agota!" ¡Es exactamente así! Por eso no me desanimo cuando veo que la envidia se encarama nuevamente en mi corazón. Simplemente muero a mí mismo una vez más y dirijo mi rostro a la cruz de Cristo. Me he preparado para tratar con la envidia el resto de mi vida. Puede ser que jamás obtenga una victoria indiscutible en esta vida, pero mientras habito en su gracia, espero que mi nivel de victoria crezca continuamente. Aunque no he conquistado a la envidia, he aprendido a reconocerla mejor. Me he convertido en alguien que se arrepiente rápidamente –con mayor rapidez–. La mejor forma de estar bien con Dios es aprender a ser un profesional en arrepentirse –por ejemplo, *ansiar* arrepentirse– ante los tribunales del Señor.

En **lugar** de tener **celo** por los **logros** de otros,

seremos celosos de **los** logros **ajenos**.

Cuando el amor de Cristo captura nuestro corazón, nos llena de un celo santo por la madurez de la esposa (vea 2 Corintios 11:2). He aquí cómo el amor de Dios cambia nuestro corazón: En lugar de tener celo *por* los logros de otros, seremos celosos *de* los logros ajenos. Experimentaremos lo inverso a la envidia. Mientras la envidia ate nuestro corazón, nuestro campo de acción será limitado; pero cuando el celo divino por el crecimiento de la esposa en madurez atrapa nuestro corazón, su Señor nos concederá el privilegio asombroso y la confiabilidad de servirlo con humildad y fidelidad.

La fuente de nuestra identidad

Durante muchos años gran parte de mi identidad provino de mis posesiones y éxitos como ministro del evangelio. Por supuesto, en ese momento no me di cuenta de eso, pero ahora al mirar hacia atrás puedo verlo. Como joven pastor de una iglesia floreciente, era igual al rey en Proverbios:

> *"Tres cosas hay que caminan con garbo, y una cuarta de paso imponente: el león, poderoso entre las bestias, que no retrocede ante nada; el gallo engreído, el macho cabrío, y el rey al frente de su ejército"* (Proverbios 30:29-31).

El "ejército" de mi congregación crecía numéricamente y me sentía honrado en servirlo. Aparentemente mi autoridad espiritual iba en aumento porque mi séquito aumentaba. No pienso que la gente comúnmente pensaba que yo era presumido o arrogante, pero realmente disfrutaba del prestigio de pastorear una de las iglesias más grande de mi círculo de amigos.

Luego la poderosa mano de Dios llegó a mi vida. Por invitación mía, debería agregar. Usted sabe... pedimos a Dios cosas sin saber qué estamos pidiendo. *"Lo que soportan es para su disciplina, pues Dios los está tratando como a hijos. ¿Qué hijo hay a quien el padre no disciplina?"* (Hebreos 12:7). Cuando Dios castigó mi vida, cerró mi ministerio, me envió al desierto y eventualmente me sacó también del pastorado. Perdí todos los títulos y posiciones que alguna vez tuve.

De modo que ahora mi vida está con una crisis de identidad. No tengo ninguna posición en mi iglesia; no tengo ningún título delante de mi nombre ni rótulos después de él; no lidero ningún equipo; no me sigue ningún ejército. Todo esto fue causado por la debilitante lesión física mencionada en el capítulo 6. Me esforcé por procesar un ejército de emociones angustiantes y pérdidas dolorosas pero, al mismo tiempo, fui enriquecido con algo más grande: el conocimiento del amor de Cristo.

El dolor de mis pérdidas fue muy real, pero el enriquecimiento de las revelaciones de Cristo a mi corazón ha sido mayor aún. Debido a mi crisis de identidad, me sentí particularmente vulnerable a envidiar. Pero, no obstante, la gracia de Dios ha sido abundante para mí durante la jornada, me fortaleció con el amor que calma todas las tormentas de la envidia.

Solo puedo hablarle de mi búsqueda. Estoy buscando tal relación plena, estremecedora, electrizante, con el Amado de mi alma que mi sentido de identidad pueda estar basado solo en quién soy en Cristo y ¡en Aquel que está en mí! Como Juan el Bautista, quiero ser *"grande ante los ojos del Señor"* (Lucas 1:15), no ante los ojos de los hombres, y todo porque he llegado a tener paz por quién soy delante del trono de Dios. La clave está en vivir teniendo como público al Único, una vida vivida delante de Dios en lugar de delante de los hombres. Le estoy pidiendo que las ambiciones carnales dentro de mi alma por lograr el reconocimiento de los hombres, puedan ser reorientadas hacia la búsqueda de grandeza en las huestes del cielo. La pregunta no es: ¿Quién soy en la Tierra? sino, ¿quién soy delante del trono de Dios?

Me paro delante de Dios como rey y sacerdote (vea Apocalipsis 1:6). Como sacerdote ministro al Rey en presencia de su gloria; como rey sirvo como ayuda para que el creciente gobierno de su reino se cumpla en el corazón de los hombres. Esto define quién soy, y esto define quién es usted. No hay puja por el puesto, porque todos ocupamos el mismo lugar delante de Dios. La envida perderá todo poder en nuestro medio cuando el cuerpo de Cristo alcance a comprender su posición delante del trono de Dios. Delante del Padre soy hijo; delante del Hijo soy la esposa. Conocer mi identidad en Cristo produce un contentamiento muy profundo en mi espíritu y una osada intrepidez en mi alma. Los afectos apasionadamente ardientes de Dios me han llevado hasta su corazón, y ahora soy libre de las ligaduras que alguna vez me llevaron a determinar mi identidad al compararme con otras personas. El conocimiento de Cristo me hace libre (vea Juan 8:32).

Es al contemplar a Cristo que podemos ver realmente quiénes somos. Juan lo escribió de este modo: *"Sabemos, sin embargo, que cuando Cristo venga seremos semejantes a él, porque lo veremos tal como él es"* (1 Juan 3:2). Cuando más lo miro, más comprendo quién soy. Cuando lo vea cara a cara, entonces comprenderé en plenitud quién soy. Hasta ese momento de revelación total, siempre me faltará comprender plenamente quién soy. Tanto como busque conocer el amor de Cristo, así buscaré conocer mi propia identidad. Y en la misma medida que luche con mi crisis de identidad seré vulnerable a los estragos de la envidia. Por lo tanto, el mejor antídoto para la envidia es buscar conocer el amor de Cristo. Mientras es verdad que mi sentido de identidad nunca será total hasta que lo vea cara a cara, cuando más lo contemple por fe, más libre seré.

He decidido hacer mía la promesa de Dios a Abraham: *"No temas, Abram. Yo soy tu escudo, y muy grande será tu recompensa"* (Génesis 15:1). Dios es mi recompensa. ¡Al final del día tengo a Dios! De modo que ya soy increíblemente rico más allá de lo descriptible. Nadie puede agregarme nada porque ya tengo todo, a Dios mismo. No hay alma sobre la Tierra que tenga que agregar algo a lo que Dios ya me ha dado. No obstante, mis hermanos y hermanas en Cristo juegan un papel muy poderoso en mi vida al ayudarme a descubrir y comprender la plenitud de todo lo que ya se hizo mío. No necesito luchar para ser exitoso, porque ya lo soy: recibí el pródigo amor de Cristo y ahora soy su hijo. Soy tan rico como puede llegar a ser el ser humano. Pero porque mi conocimiento es limitado, continúo buscando el conocimiento de Dios en Cristo Jesús.

Por favor, no suponga que defiendo un individualismo aislante que separe a alguien del resto del cuerpo de Cristo. ¡Nos necesitamos unos a otros! Efesios 3:18 deja bien en claro que solo puede comprenderse el amor de Cristo en la comunión de "todos los santos". Ninguna persona solitaria puede agotar el conocimiento del amor de Cristo. Si nos esmeramos, podemos explorar una porción diminuta de ese amor y buscar toda nuestra vida sus límites gloriosos. Es por eso que necesitamos de todo el cuerpo de Cristo para que su amor se manifieste. Cuando cada uno pone sobre la mesa los frutos de nuestra búsqueda de toda la vida, comenzamos a ver la inmensidad del amor de Cristo. En lugar de envidiar lo que otro ha descubierto de ese maravilloso amor, recibo el calor, porque la búsqueda de esa persona ahora enriquece mi vida.

La fuente falsa de identidad

Dios nos ha creado con la necesidad de saber quiénes somos. El anhelo de una identidad personal sólida no es pecaminoso, pero la forma en que la buscamos, puede serlo. Obtener nuestra identidad por medio de lo que hacemos o de lo que poseemos no llena nunca el vacío del espíritu. Lo único que satisface ese vacío es una afectuosa relación con nuestro Creador. Es conociendo quiénes somos en los brazos de nuestro Novio amado que establecemos nuestra verdadera identidad delante de Dios. Él afirma nuestro corazón en la gracia, cuando nos susurra sus propósitos en el lugar secreto, nos asegura su amor y declara quiénes somos en Él. Si, por otro lado, tratamos de llenar nuestros anhelos interiores con el éxito, la posición o el estatus, siempre volveremos al vacío remordedor. Y es ese vacío que alimenta la competitividad en el cuerpo de Cristo y nos hace susceptibles a envidiar.

Conozco, por experiencia personal, la trampa de encontrar el sentido de identidad en nuestros logros y éxitos. La razón que lo llamo trampa se debe a que es raro que un individuo tenga una línea ininterrumpida de éxitos en su haber –vida–. Para la mayoría, los contratiempos llegan inevitablemente. Cuando nuestra identidad está basada en nuestro obrar, entonces estamos preparados para un aterrizaje violento. En tiempos buenos nos sentimos bien con respecto a nosotros mismos; en tiempos difíciles nos abatimos por causa de nosotros. La tiranía de esta clase de viaje emocional de montaña rusa nos hace vulnerable a los estragos de la envidia. Cuando mi obrar se derrumba y con él mi identidad, entonces comienzo a mirar el éxito de mi hermano con malos ojos.

El Señor me enseña que mi sentido de éxito debe estar basado en su presencia. Cuando me relaciono con Él y me entrego en amor, soy exitoso. Punto. Usted puede preguntarse: "¿Qué puedo hacer para encontrar mi identidad en Cristo?" Para mí, la respuesta debe ser hallada en mi "lugar secreto" de relación con Dios. (Vuelco mi corazón en este tema en mi libro *Secrets of the Secret Place* (*Los secretos del lugar secreto*).

Cuando medito en la veracidad de su Palabra y permito que el Espíritu Santo personalice su verdad en mi corazón, comienzo a arder con vehemente celo, pues cuando esa verdad es aplicada a mi vida, la poseo. El Espíritu Santo me ayuda a creer en el amor de Cristo por mí; esta es la revelación más liberadora que puede lograrse en el universo.

He **descubierto** que es **posible**

ser **exitoso** delante los **hombres**, pero

ser **estéril** ante Dios.

Los logros del ministerio pueden engañarme haciéndome pensar que son señales de la aprobación de Dios a mi vida. He descubierto que es posible ser exitoso delante de los hombres, pero ser estéril ante Dios. Hay un lugar en Dios donde realmente puedo obtener mi sentido de identidad y realización adorándolo y contemplando su rostro. He logrado vislumbrarlo, y persigo ese vislumbre con todo mi corazón.

Cuando mi sentido de identidad personal está basado en la roca del amor de Cristo por mí, estoy seguro de mi identidad, porque el amor de Cristo es incondicional, no tiene conexión alguna con mi obra ministerial. Aun cuando mi ministerio se eleve y la unción esté rompiendo yugos de esclavitud en la vida de otros, la llenura de su amor sigue siendo constante. Dios quiere que hagamos la transición, que de encontrar la identidad en nuestros dones pasemos a encontrarla en su amor. Soy su hijo, estoy escondido con Cristo en Dios, sentado con Él en lugares celestiales, venciendo al mundo. Soy alguien que está en su presencia y vislumbra su rostro. Eso expresa quién soy y expresa lo que hago. Y ninguna persona ni crisis puede despojarme de esta identidad.

El conocimiento que Jesús tenía respecto de quién era fue lo que le dio poder para servir a otros desinteresadamente (vea Juan 13:3-5). Es lo mismo conmigo. Cuando sé de dónde vengo y adónde voy –en otras palabras, cuando sé quién soy– puedo servir de la manera más humilde porque estoy seguro de mi identidad. Tomar la toalla de sirviente y lavar los pies de otros al servirlos en sus necesidades, es uno de los más grandes impedimentos de la envida.

Un amigo personal, el Pastor Michael Cavanaugh, me contó cómo eligió tratar agresivamente con el leve tinte de envidia que estaba experimentando. En ese momento, Michael y yo éramos pastores de distintas iglesias en dos comunidades separadas por unos veinte kilómetros, aproximadamente. Ambas iglesias eran sanas y crecientes, y las dos estaban en proceso de construir nuevos santuarios. No obstante, nuestra iglesia comenzó a construir antes que la de ellos. En ese entonces, a mi amigo Michael le pareció que estábamos siempre un paso más adelante.

Con el tiempo comenzó a parecerle que discernía pequeños indicios de competitividad en nuestros ministerios. No estaba seguro si la competitividad era de nosotros hacia ellos, o de ellos hacia nosotros, pero decidió hacer algo al respecto. ¿Qué hizo? Se envolvió con la toalla de siervo. Él y los ancianos de su iglesia decidieron tomar *todos los diezmos* ofrendados en su iglesia un domingo específico por la mañana, designarlos para nuestro programa de construcción del nuevo edificio y enviar la suma total a nuestra iglesia.

Cuando los miembros de su iglesia supieron del plan, dieron una ofrenda superior a la común ese domingo a la mañana. Puede imaginarse nuestra sorpresa cuando, al abrir nuestra correspondencia esa semana, vimos un cheque ¡por casi $ 14.000! Hicimos una gran fiesta para agradecer a Dios y maravillarnos por la generosidad de los santos. Basta decir que ese acto de servicio fue una hermosa cura para cualquier vestigio de competitividad y envidia que pudiera querer acechar nuestros ministerios.

A veces es **tentador** pensar que

determinada persona o grupo

restringe **nuestro** potencial en Cristo.

¡Pero nadie **puede** impedir

que **busque** el glorioso amor de **Cristo**!

Después que estuvimos en nuestro nuevo edificio, nuestra iglesia respondió con un gesto similar para con su iglesia. De este modo nuestro mutuo amor y lealtad fueron acrecentados.

Cuando estoy arraigado en el amor, entonces la promoción y la degradación serán más y más lo mismo para mí. Cuando comprendo el amor de Cristo por mí, entonces la promoción a escala humana me parece débil y temporaria, porque discierno realmente la esencia de su vanidad. Y, al mismo tiempo, la degradación pierde su estigma porque mi confianza delante de Dios no es afectada por los contratiempos de esta existencia humana. Lo que realmente importa es tener el poder del amor de Dios agitándose y moviéndose en mi corazón con ardiente cariño. Es aquí, en este amor, que la envidia se disipa y nacen los verdaderos avivamientos de proporciones históricas.

Nadie puede obstaculizar su búsqueda del alto llamamiento de Dios en Cristo Jesús. A veces somos tentados a creer que una determinada persona o grupo restringe nuestro potencial en Cristo. ¡Pero nadie puede impedir que busque el glorioso amor de Cristo! Nadie puede disminuir la paz de su búsqueda cuando su corazón está puesto en correr la gran competencia de fe y amor. Incluso si su iglesia le cierra las puertas a su ministerio, ellos no pueden detener su vida escondida en Dios.

Si su iglesia le **cierra** las puertas

a su **ministerio**, ellos no **pueden** detener

su vida **escondida** en Dios.

La búsqueda del amor de Cristo nos hace libres de los grillos que otros pueden querer colocarnos, ya sea un esposo no convertido, un colega o un líder de la iglesia. La realidad de esta libertad disipará cualquier envidia que pueda querer levantarse en nuestro corazón.

En resumen

Mi oración es que este libro nos dé valor para que, cuando sintamos el más leve dolor por el éxito de alguna otra persona, admitamos nuestra envidia, seamos honestos al respecto y la pongamos a los pies de la cruz. En lugar de envidiar lo que Dios les dio a otros, seamos agradecidos por estar en el mismo equipo. Mientras deseamos que el poder y la gloria de Dios se manifieste en nuestra generación, quizás lo más significativo que podemos hacer para promover el avance del reino de Dios es derribar las barreras de envidia tan pronto como las veamos en nuestro corazón.

En lugar de competir entre nosotros y envidiarnos, celebremos lo que el cielo ha depositado en cada uno. Seamos celosos *de* la madurez de nuestros hermanos y hermanos. Mientras percibimos la medida de gracia dada a otro, recibimos poder para caminar juntos en comunión y unidad. Cuando lo libero a usted para funcionar en su campo de acción, no estoy arriesgando mi propio ministerio; más bien, me estoy posicionando para tener más fruto en mi propia esfera de influencia.

Este libro es simplemente un llamado a caminar en amor. En primer lugar, creer y recibir el gran amor que Dios nos tiene; y luego reflejar ese amor en nuestros hermanos y hermanas. Oh, ¡que podamos concedernos una revelación del estatus que Dios nos ha dado en Cristo Jesús delante de su trono! Si realmente entendemos nuestra identidad en Cristo, no volveremos a envidiar. El mayor antídoto para la envidia es buscar el conocimiento del amor de Cristo.

La montaña de Caleb

Quiero terminar con la historia de un hombre de la Biblia llamado Caleb. Fue uno de los doce espías enviados a la tierra de Canaán para reconocerla cuando el pueblo de Dios recién había salido de Egipto. Caleb –junto con Josué– trajo al pueblo un buen informe, que con la ayuda de Dios podrían conquistar la tierra de Canaán. Diez de los espías trajeron un negativo informe de incredulidad, provocaron que la nación retrocediera con temor. El pueblo determinó que no podían conquistar Canaán, una decisión que hizo que vagaran durante cuarenta años por el desierto. Caleb y Josué fueron destinados a vagar con los israelitas hasta que toda la nación estuviese lista para entrar a Canaán.

Siempre tuve este pequeño sentimiento tácito en el fondo de mi mente: "Dios, pienso que fue cruel que hicieses que Caleb y Josué, que estaban listos para entrar a Canaán, vagaran cuarenta años por el desierto debido a la incredulidad de otros tipos". Pero entonces el Señor comenzó a mostrarme el resto de la historia.

Cuando usted llega al final de la vida de Caleb, ve que él hirió para heredar una montaña entera en Canaán (vea Josué 14:6-15). Cuando a todos los demás les fue dada una casa en el campo, a Caleb se le otorgó toda una montaña.

Cuando tuvo que salir de Canaán la primera vez y enfrentó el desierto, puedo imaginarme a Dios diciendo: "Caleb, te amo tanto por haber mantenido la fe y la lealtad para conmigo, que te digo algo. No quiero darte solo una casa en el campo, como los demás.

Quiero darte una herencia mayor por tu fe y amor; quiero darte una montaña entera. Pero si te la doy ya, no puedes imaginar la envidia que erosionaría en la nación. ¡Todos tendrían un ataque de conveniencia en el acto! Se quejarían ante el más alto cielo por lo injusto que es tener toda una montaña, solo porque eres un hombre de fe. De modo que aquí está lo que haremos para cuidar el tema de la envidia. Si caminas fielmente delante de mí durante cuarenta años en el desierto con mi pueblo, te mantendré fuerte y haré provisión para ti, y luego te introduciré en la tierra. Al soportar con paciencia cuarenta años con mis elegidos, ganarás, en toda la nación, la credibilidad que necesitas, si es que vas a pedir una montaña".

Dios nos da **padres** espirituales
que han **pagado** el precio de **soportar**
el paso del **desierto** hasta
tener **autoridad** delante de Dios
y **credibilidad** para con los **hombres,**
como para **pedir** y tomar toda una **montaña**
por la **gracia** de Dios.

Cuando Caleb finalmente pidió su monte, nadie se quejó. Nadie dijo. "Pero eh, ¡yo solo tengo una casa en el campo!" Todos en la nación dijeron: "¿Caleb quiere una montaña? ¡Dénsela! Soportó con fe durante cuarenta años; así que si alguien lo merece es él".

Caleb, por medio de su fe y paciencia, terminó con una herencia tan enorme que no solo tuvo suficiente para darle a sus hijos, sino también a su hija, Acsa. Ella estaba arraiga en el amor de su padre, de modo que dijo para sí: "Mis hermanos tienen abundancia, ¿por qué no puedo pedirle yo también a papá lo que quiero?" Le pidió, y él le dio. De hecho, le dio más de lo que pidió, le otorgó tanto las zonas altas como las bajas (vea Jueces 1:15).

He oído a algunas hermanas del cuerpo de Cristo quejarse: "No me quieren dar ninguna posesión en la iglesia". Puede ser debido a que todo lo que los hermanos tienen es una casa en el campo y hace mucho que la han distribuido en su mente, esperando que el padre muera. Decidieron hace mucho que las hermanas no iban a recibir nada.

Si las hermanas van a tener parte de la herencia, necesitan tener un papá rico. Mi espíritu dice: Dios nos da padres espirituales que hayan pagado el precio de soportar el paso del desierto hasta tener autoridad delante de Dios y credibilidad para con los hombres, como para pedir y tomar toda una montaña por la gracia de Dios. Entonces, como Caleb, tendrán una herencia espiritual suficiente como para distribuirla entre sus hijos e hijas por igual.

Cuando Papá se la da, nadie puede argumentar: "Pero eres una hermana; ¡no deberías estar haciendo eso en la iglesia!" La hermana responde: "Si tienes algún problema con que viva en este territorio, habla con Papá. Él me lo dio". Nadie cuestionaría al padre porque saben que diría: "¿Es que no tengo derecho a hacer lo que quiera con lo mío? ¿O te da envidia porque soy generoso?"

Cuando las padres espirituales reparten la herencia, se terminan los argumentos. Y los hermanos no envidian porque tienen más que suficiente para ellos.

La revolución *de* Elías

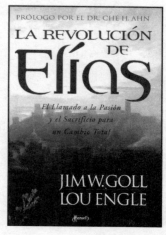

LOU ENGLE Y JIM GOLL PRESENTAN UNA EMOCIONANTE VISIÓN DE CÓMO ESTA GENERACIÓN PUEDE CRECER ...

HASTA CONVERTIRSE EN UNA FUERZA IRRESISTIBLE, ENTREGADA A LA VOLUNTAD DE DIOS Y QUE SE NIEGA A CEDER ANTE LA CULTURA DE ESTE MUNDO CAÍDO".

En la actualidad se está produciendo UNA SANTA REVOLUCIÓN de dimensiones sin precedentes. Frente a la cruel corrupción moral y espiritual, miles de creyentes responden al llamado de Dios a una vida santa de total y absoluta entrega a Cristo. En su ardiente pasión por Dios, se yerguen, firmemente, en nombre de Cristo, y se niegan a transigir en su estilo de vida con los valores de una cultura cada vez más secularizada.

Encendidos con el ardiente espíritu de Elías y el corazón generoso de Ester, estos revolucionarios de los últimos días buscan nada menos que la completa transformación de la sociedad por medio del avivamiento y el despertar espiritual. ¡Advertencia! Este libro lo desafiará como nunca antes a una vida de santidad y devoción extremas a Cristo. La necesidad es grande, y este es el momento. ¡Venga y únase a la revolución!

Llevando la oración a las calles

Uno de los medios más sencillos pero poderosos que Dios nos ha dado para que veamos entrar su reino en las ciudades, son las caminatas de oración.

Llevando la oración a las calles está lleno de motivadoras historias del éxito obtenido con caminatas de oración que han cambiado vidas y vecindarios enteros. Con estilo personal e inspirador, Ted Haggard ilustra con estas historias algunas claves para realizar las caminatas de oración, fáciles de poner en práctica en cualquier localidad por cualquiera que desee intentarlo.

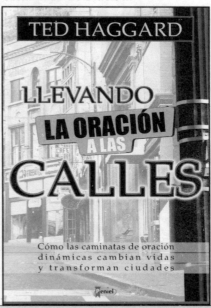

TED HAGGARD es pastor de la Iglesia de la Vida Nueva en Colorado Springs, integrada por ocho mil miembros. El pastor Haggard sirve en la revista Ministries Today como asesor de redacción, y es autor de varios libros. Actualmente se desempeña como presidente de la Asociación Nacional Evangélica de su país. Ted y su esposa Gayle viven con sus cinco hijos en Colorado Springs, EE.UU.

www.editorialpeniel.com